OHSAMA BUNKO

身のまわりの「意外な勘違い」なるほど雑学93

博学面白倶楽部

三笠書房

◇はじめに──「話題づくり」にも役立つ身のまわりの「意外な勘違い」が満載！

日頃、なんの疑問もなく見すごしていること、当たり前のように思っていることのなかに、意外と「勘違い」をしていることは多い。

「自分は物知りだ」とか、「そこそこ教養はある」と自負している人でさえも、事実や意味を誤解していることはけっこうあるものだ。

たとえば、

「ムンクの代表作『叫び』で叫んでいるのは絵の中央にいる男」

「ベルリンの壁はドイツを東西に分断していた」

「闘牛で赤い布を振るのは、牛を興奮させるため」

「忠犬ハチ公は、飼い主の博士を渋谷駅まで出迎えに行っていた」

「慈悲深い仏さまは、過ちを三度までは許してくれる」

「仲睦まじい夫婦を『おしどり夫婦』と呼ぶのは、オシドリのつがいが一生添い遂げるから」


いずれも「その通り！」「常識だよね」と思わなかっただろうか。

しかし、ムンクの『叫び』で叫んでいるのは絵のなかの男ではないし、ベルリンの壁は東西ドイツを分断していなかったし、牛は赤い布で興奮しているわけではない。さらに忠犬ハチ公は、毎日渋谷駅に博士を迎えに行っていなかった。

「ウソでしょ！」と思ったなら、ぜひその真相を本編で確認してみてほしい。

ページをめくるごとに、「へー、そうなんだ！」と、思わずつぶやき、きっと誰かに話したくなるだろうから、「雑談のネタ」本としても、重宝すること請け合いだ。

博学面白倶楽部

目次

◇はじめに――「話題づくり」にも役立つ
身のまわりの「意外な勘違い」が満載！　3

1章　あの名画のタイトルは『モナ・リザ』ではない？
――芸術・スポーツに関する勘違い

1　彫刻「考える人」は思索にふけっているわけではない？　16
2　ムンクの『叫び』で本当に叫んでいるのは……　18
3　力士は髪が薄くなって髷が結えなくなったら引退する？　21
4　闘牛士の赤い布に興奮していたのは、じつは……　23
5　金メダルは「金」でできていないってホント？　25
6　「ブービー賞」は「最下位がもらえる」賞だった？　27
7　「サンドバッグ」のなかに詰まっているものって？　29

8 クロールが競泳で「自由形」と呼ばれる謎 31
9 あの名画のタイトルは『モナ・リザ』ではない？ 33
10 アルプス越えのナポレオンの勇姿に〝盛りすぎ〟疑惑 35
11 「甲子園の土」はどのくらいスペシャルな土なのか 38
12 バスケの「バックボード」に秘された驚きの目的 41
13 ボウリング場の貸しシューズがやけに派手なワケ 43

2章 ベルリンの壁が分断したのは「ドイツ」ではない？
──歴史に関する勘違い

14 「人民の 人民による──」はリンカーンの名言ではない 48
15 「いい国つくろう」鎌倉幕府の年号はもはや過去のもの？ 51
16 ハチ公は博士を「渋谷駅」で送り迎えしていなかった？ 53
17 日本の戦闘機なのに、なぜ「ゼロ」戦と呼ばれたのか 56

18 「ベルリンの壁」が分断していたのは「ドイツ」ではなかった？ 59
19 新選組・沖田総司は「喀血して倒れた」はウソ!? 62
20 薪を背負うあの少年は「二宮金次郎」ではない！ 64
21 水戸黄門は「全国を漫遊」したかと思いきや―― 67
22 やっぱりありえない武田信玄と上杉謙信の一騎打ち 70
23 大岡越前は「とんちが光る名奉行」ではなかった？ 73
24 「大江戸八百八町」はかなり控えめなネーミング!? 76
25 鎖国下も「対外政策」に余念がなかった江戸幕府 78
26 〝千円札のあの人〟の本名は「野口英世」ではない!? 81
27 平家討伐の功労者、源義経は「イケメン」と名高いが…… 84
28 「武士は切腹も厭わなかった」……ってホント？ 87
29 赤穂浪士の討ち入りは、「雪が降りしきる夜半」のはず…… 89
30 「スペイン風邪」なのにスペインは起源ではない!? 91

3章 三十三間堂の長さは「六十六間」？
――文化・風習に関する勘違い

31 「黒ひげ危機一発」の〝あの遊び方〟は間違っている？ 94
32 天皇は「皇族ではない」ってホント？ 96
33 お寺が多いのは「京都や奈良」と思いがちだが…… 98
34 「リーゼント」はあの髪型のことではないと知ってた？ 101
35 居酒屋は「気を利かせて」ビールの栓を抜くのではない!? 103
36 バレンタインデーは「チョコを贈る日」ではなかった!? 105
37 スーツの左襟の穴は「社章」をつけるためではない？ 107
38 「茶柱が立つと縁起がいい」はウソ!? 109
39 薄口しょうゆは「濃口しょうゆ」よりしょっぱい!? 111
40 時計の文字盤では、Ⅰ、Ⅱ、Ⅲ……「Ⅲ」!? 113
41 京都の三十三間堂の長さは「六十六間」 116

4章

ショートケーキの意味は「食用油脂《ショートニング》ケーキ」？

——言葉に関する勘違い

42 「仏滅」は結婚式や開業にぴったりの日？ 118
43 ケンタッキーの〝あの人形〟はアメリカにはいない!? 120
44 キユーピーちゃん人形は「女の子」ではなかった！ 122
45 「絹ごし豆腐」は本当に絹でこしている？ 124
46 『君が代』は「こけのむすまで」で終わらない 126
47 山手線は「ぐるりと一周していない」って本当!? 128
48 ハロウィンの「カボチャのお化け」は、カボチャではなかった!? 131
49 「♂」と「♀」は性器を表わしているように見えるだけ？ 136
50 「失笑」には軽蔑するニュアンスは含まれていない？ 138
51 童謡『どんぐりころころ』どんぐりこ？ どんぶりこ？ 140

52 メールの「Re:」は「Reply」と無関係ってホント？ 142
53 「マジ」は現代の若者が使いはじめた言葉ではない？ 144
54 「仏の顔も三度まで」――3回目はセーフ？ 146
55 「@」と「at」はまったく別物だった？ 148
56 ショートケーキは「短い《short》ケーキ」ではない？ 150
57 「御の字＝まあまあ」は大間違い！ 153
58 「おあいそ」――客から言うのは失礼な話？ 155
59 戒名は「亡くなってから」つけるのでは遅い？ 157
60 「パンドラの箱」は神話には出てこなかった 159
61 あの枝分かれした交差点は「T字路」ではない!? 161
62 「出発進行」は発車の合図ではない!? 164
63 大きいのに「二級河川」なのはなぜ？ 166

5章 クジラとイルカは「まったく同じ種」の生き物？
——自然・科学に関する勘違い

64 「赤とんぼ」という種のトンボは存在しない 170
65 「トルコ石」の原産地はトルコではなかった 173
66 自殺の名所「青木ヶ原樹海」では道に迷うほうが難しい!? 175
67 バナナは「バナナの木」にならないってホント？ 178
68 クマの前で「死んだふり」をしたら危ない!? 180
69 雨粒は本当に「しずくの形」をしているのか？ 182
70 ホッキョクグマの毛は「無色透明」ってホント？ 184
71 落雷を避けるには「金属を外す」と効果がある？ 186
72 ウミガメは「お産の痛み」で泣いているわけではない！ 188
73 ドライアイスの煙は「二酸化炭素」ではなかった 191
74 サーモンは「白身魚」と知ってた？ 193

75 サケとマスの違いは「かなり曖昧」だった 195
76 「タラバガニ」は「カニ」ではないってホント？ 197
77 じつは「オシドリの夫婦」は超ドライ 199
78 ネコがいなくなるのは「死に際を隠すため」ではない 202
79 「ハリセンボン」には本当に「針1000本」ある？ 204
80 クジラとイルカは「近い種」どころではない 206

6章 クスリを飲むときは「水以外」でもいい？——人体に関する勘違い

81 「脳卒中」という病名は存在しない 210
82 「ビールは太りやすい」は大ウソ 212
83 「チョコレート」で虫歯予防!? 215
84 酢を飲んだら、からだはやわらかくなる？ 217
85 「白髪」はやっぱり抜かないほうがいい？ 219

86 二日酔いは「迎え酒」で改善するってホント？ 221
87 鼻血は「首の後ろを叩く」と治る!? 223
88 「脳のシワ」と賢さは関係ないと知ってた？ 225
89 舌を噛み切れば死ぬことができる？ 227
90 突き指は「引っ張って伸ばす」と治る？ 229
91 「牛乳」を飲んでも身長は伸びないってホント？ 231
92 メンソールたばこを吸うと「ED」になる？ 233
93 クスリを飲むときは「水以外」でもいい？ 235

本文イラストレーション◎イラカアヅコ
写真提供◎アフロ：P. 19（Bridgeman Images）、P. 36（Erich Lessing/K&K Archive）、P. 37（Super Stock）フォトライブラリー：P. 17、P. 24、P. 54、P. 57、P. 65、P. 71、P. 82、P. 85、P. 176、P. 189、P. 198、P. 213

1章

あの名画のタイトルは『モナ・リザ』ではない？

――芸術・スポーツに関する勘違い

Ⅰ 彫刻「考える人」は思索にふけっているわけではない？

フランスの彫刻家オーギュスト・ロダンの代表作「考える人」。全裸の男性が、座り込んで左ひざの上に右ひじをつき、右手にあごをのせて、何かを一心不乱に考えているように見える。

そのポージングや険しい表情から、男性の〝考え事〟の深刻さが伝わってくる。しかし、じつはこの男、別に思索《しさく》にふけっているわけではない。ではいったい、何をしているのか。

そもそも、この「考える人」は独立した作品ではなく、〝神の手〟を持つロダン畢生《ひっせい》の大作『地獄の門』の一部なのだ。ロダンが40年近くにもわたって制作し続けた『地獄の門』は、イタリアの詩人ダンテの長編叙事詩《じょじし》『神曲』の「地獄篇」を主題とした壮大な作品。「考える人」は、この大作の上部に置かれた像で、**地獄へと堕《お》ちていく罪人を見下ろしている**のだ。

真相は「ただ下を見ている」だけ

では、なぜ「考える人」と呼ばれているのか。じつは、この像を鋳造《ちゅうぞう》したアレクシス・リュディエという人物が**ロダンの意図とはまったく異なるタイトルをつけた**ところ有名になってしまい、「考える人」は『地獄の門』から独立して単独の作品として知られるようになったのである。

なお、「考える人」のモデルは、一説には『神曲』の著者ダンテではないかといわれている。

「考える人」は『地獄の門』から独立させた作品

2

ムンクの『叫び』で本当に叫んでいるのは……

ノルウェーの画家エドヴァルド・ムンクの代名詞的な作品『叫び』。絵の中央にいる男が両耳を手でふさぎ、口を大きく開けて、からだをよじらせる姿が印象的な絵画だ。

男の不安や恐怖心といった感情がダイレクトに伝わってくる絵として世界的に有名だが、いったいこの男はなぜ叫んでいるのだろうか。

いや、じつは男は叫んでいない。彼は**恐れおののいて、身《み》震《ぶる》いしている**だけなのだ。

ムンクは、彼が友人と二人で散歩に出かけたときの体験をもとにこの絵を描いたという。散歩中、夕日に染まる真っ赤な雲が突然、ムンクの目に飛び込んできた。

同時に、「自然を貫く果てしない叫び声」が聞こえ、彼はあまりの恐ろしさに立ちすくんでしまったという。

情緒不安定なムンクにだけ聞こえた「自然の叫び声」

「自然の叫び声」を聞き、身震いするムンク

ただし、この恐怖体験をしたのはムンクだけで、友人には「自然の叫び声」など一切聞こえず、ムンクの異変に気づくこともなく、スタスタと歩いていった。

ムンクはこのときの「自然の叫び声」と、自身が体験した不安や恐怖を絵に表現したのだ。

つまり、**叫び声を上げているのは男（ムンク）の背景に描かれた自然**であり、彼は叫び声を聞きたくなくて耳をふさいでいる、というのが真相だ。

当時、ムンクは身近な人々を次々に失くして情緒不安定となり、被害妄想や強迫観念に悩まされていたという。そうした彼の苦悩が凝縮された一枚が『叫び』だったのだ（同様のモチーフの『叫び』は版画を除き4点現存している）。

ムンクの『叫び』は、伝統的な表層描写から一転して作家の内面の精神性を描き、ドイツ表現主義やシュルレアリスム、フォーヴィズムなどに大きな影響を与えた。そういった意味でも、『叫び』は画期的な作品だった。

3 力士は髪が薄くなって髷が結えなくなったら引退する？

大相撲《ずもう》の力士の象徴ともいえる髷《まげ》。番付によって髷の形は決まっており、とくに十両以上の力士（関取）が結《ゆ》う髷は「大銀杏《おおいちょう》」と呼ばれている（十両未満は「丁髷《ちょんまげ》」）。これは、髷の先がイチョウの葉の形に似ていることからついた名称だ。

髷はもちろん、カツラなどではなく地毛で結う。となると、万一、若くして髪の毛が薄くなり、髷が結えなくなってしまったら、力士はどうなるのか。

「力士は髷が結えなくなったら引退」と、まことしやかにささやかれている。いわれてみれば、髷のない力士は見たことがない……。

たしかに、日本相撲協会の規定には「十両以上の関取資格者は出場に際して、大銀杏に結髪しなければならない」という条項がある。

これを素直に解釈すれば、「毛髪の限界」によって髷を結えなくなれば、この規定に触れそうなものだ。しかし、明文化されているわけではないので、日本相撲協会から、**髪が薄くなったことを理由に引退勧告がなされることはない。**

「毛髪の限界」より「体力の限界」が先にくる

大正時代の横綱・栃木山《とちぎやま》は、体力・気力ともに十分だったが、髷が結えなくなって引退したという噂《うわさ》があった。これはまったくのデマで、横綱の引き際の美学のなせる業《わざ》だったのだが、このデマから、「髷が結えなくなったら引退説」がまことしやかに語られるようになったのかもしれない。

栃木山以降、「もしかしたら髪が原因で？」とあらぬ疑いをかけられた力士もいたようだが、「毛髪の限界」によって引退した力士はいない、とのことだ。髪が気になりだすよりも先に体力の衰えがくるので、「毛髪」よりも「体力」の限界で引退するのが実情のようだ。

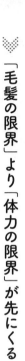

4 闘牛士の赤い布に興奮していたのは、じつは……

闘牛は、荒れ狂う牛と闘牛士との闘技である。闘争心にあふれた牛を布でさらりとかわしながら、最後は剣で仕留める。スペインでは国技となっている。

最後のステージで登場する闘牛士（マタドール）が持つ布は「ムレータ」と呼ばれ、決まって赤い布。青い布や黒い布は見かけない。

色彩心理学的に、赤には気分を高揚《こうよう》させる効果があるといわれるためか、牡牛《おうし》の興奮を高める目的で赤い布が使用されていると思っている人も多いだろう。

しかし、哺乳類では霊長類と一部のサル以外は色を識別することができず、**牛の目に映るのは「モノクロの世界」**とされる。つまり、布の色が赤であろうと青であろうと興奮の度合いに差は生まれないのだ。

本場スペインでの闘牛の様子。
牡牛はたとえ布がどんな色でも突進していく

牡牛は目の前でひらひらと舞う布の動きや、観客の大歓声に反応して昂《たかぶ》っているにすぎないのだ。

闘技場のなかで赤色を認識できる生き物は……

じつはムレータが赤い色なのには別の理由がある。それは、**赤い色で「観客」である人間を興奮させるため**だ。

赤い布が舞うたびに、観客の交感神経は刺激され、ボルテージはいやが上にも高まっていく。つまり、人間の熱狂を引き出すための舞台装置として、赤いムレータは機能しているのだ。

5 金メダルは「金」でできていないってホント？

国によっては、オリンピックのメダリストになれば「一生安泰《あんたい》」といわれるほどの厚遇《こうぐう》を受けられるという。日本でも近年、日本オリンピック（パラリンピック）委員会から報奨金が支給されるようになった。オリンピックでは金メダルは５００万円、銀メダルは２００万円、銅メダルは１００万円が支給される。競技によっては加盟競技団体からも報奨金が支給される場合がある。

このようにトップアスリートとしての輝かしい栄誉とともに、「金メダル」を獲得することの価値は計り知れない。それらに加えて「金メダルそのものの資産価値」も相当なはず……。

純金製なら、かなりの値がつくだろうし、18金だとしても、金相場が上がっている昨今、相当な値段にはなるはずだ。

真相は「銀製メダル」に金メッキ

ところが実際のところ、**金メダルはそのほとんどが銀でできている。**銀製のメダルに金メッキをほどこしているというのが事実だ。

メッキとはいえ、オリンピックのメダルにはきちんとした基準がある。メダルは開催国が用意するが、その大きさは、直径60ミリメートル以上、厚さ3ミリメートル以上、銀の純度は、1000分の925以上と規定されている。また、金メダルにする際のメッキには、最低でも6グラムの純金を使うことが求められている。

ただこれは、夏の大会での話。冬の大会のメダルに関しては規定がないため、金メッキさえほどこされていない金メダルもある。

もっともオリンピックの金メダルともなれば、メダルそのものの価値というより、優勝した価値のほうがずっと高いことはいうまでもない。

6 「ブービー賞」は「最下位がもらえる」賞だった？

ゴルフのコンペやボウリング大会などには、賞品がつきもの。

上位入賞できなくても、ひょっとしたらもらえそうなのが「ブービー賞」。豪華な副賞がついていることもある。

ブービーといえば、成績が最下位の次の人に贈られる賞のこと。最下位をなんとか免《まぬが》れたうえに、賞品までもらえるのだから、なかなかよくできた賞のように思える。

しかし本来、ブービー賞は、ゴルフのコンペで**「最下位の人」のために設けられた賞**である。そもそも「ブービー（booby）」という英語は、俗語で「ばか者、ドジ、まぬけ」といった意味。最下位の人をちゃかすジョークのような意味合いでブービー賞は設けられたのだ。

「下から2番目」に変更されたワケ

しかし日本では、下から2番目の人が対象になった。一説には**不正防止**のためだとか。ゴルフは、いかに少ない打数でボールをホールに入れるかを競うもの。故意に最下位になろうと思えば、誰でも簡単になれて豪華賞品をゲットできる。そこで、こうした不正を防ぐために、最下位ではなく、下から2番目の成績の人にブービー賞が与えられるようになったようだ。

ちなみに、ゴルフの用語には、

・バーディー（小鳥：規定打数より1打少ない）
・イーグル（ワシ：規定打数より2打少ない）
・アルバトロス（アホウドリ：規定打数より3打少ない）

と、鳥にちなんだものが多い。ブービーも例にもれず鳥の名で、海鳥の「カツオドリ」のことを指す（アホウドリではなく……）。

7 「サンドバッグ」のなかに詰まっているものって？

ボクシングや格闘技の打撃やキックの練習に使われる「サンドバッグ」。天井から吊《つ》り下げられた円筒型の大きな袋だが、近年はダイエット目的やストレス発散のために、ジムで蹴《け》りやパンチを入れる人も少なくない。

さて、このサンドバッグを日本語に翻訳すると「砂袋」。当然ながら、その中身は砂ということになるだろう。砂であれば、なかに詰める量を調整するのに容易そうだし、いったいどんな砂を使っているのだろうか……。

ところが、実際にサンドバッグに入っているのは、**フェルトやメリヤス、ナイロン生地、スポンジなどで、砂は入っていない。**

なぜ「砂袋《サンドバッグ》」という名称が定着した？

仮に砂を詰めるとどうなるかというと、長時間吊るしておくことで砂が袋の底にたまり、さらに砂自体の重みで砂が硬くなる。

文字通り砂が詰まったサンドバッグを使ってパンチの練習を続けていると、こぶしや手首を痛めてしまうのだ。

では、誤解を生むような「サンドバッグ」という名称をなぜ使っているのかとツッコミたくなるところだが、**この名称は日本独自**のもの。海外では「トレーニングバッグ」「パンチバッグ」と呼ばれている。

サンドバッグの名の由来については、諸説ある。日本に導入された当時、中身は日本で詰める必要があったので、とりあえず砂を詰めてみたからとか、形が砂袋に似ていたから、などといわれている。

筋力アップや運動不足解消のためにパンチやキックを受け止めてくれるサンドバッグだが、その名称のルーツは謎に包まれている。

8 クロールが競泳で「自由形」と呼ばれる謎

一定の距離を泳ぎ、そのタイムを競う競泳では、泳法は定められていて、「背泳ぎ」「平泳ぎ」「バタフライ」「自由形」の4つがある。4つの泳法で順番に泳ぎタイムを競う、「個人メドレー」という種目もある。

ここで気になるのが「自由形」というネーミング。ほかの泳法に比べ、具体的な泳法の指定はないが、出場選手は必ずといっていいほどクロールで泳ぐ。

「自由形＝クロール」と考えて間違いないのだろうか……。

しかし、自由形の意味するところは、文字通り「泳法にこだわらない種目」。折り返しのときやゴールタッチでは、からだの一部がプールの壁面に触れることなどのルールさえ守れば、**どんな泳ぎ方をしてもよい**種目なのだ。

クロール以外で泳いでもいいが……

とはいえ、今のところ**クロールがいちばん速く泳げる泳法**のため、競泳選手は自由形で競う際にはクロールを選択することになる。

オリンピックでの最高タイムを泳法別に比べてみると、100メートル男子の場合、クロールは47秒02、バタフライは49秒45、背泳ぎは51秒85、平泳ぎは57秒13である。クロールを選択するのは必然というわけだ。

日本水泳連盟によると、公式の競技大会で自由形種目でクロール以外の泳ぎ方をした選手は実際にいるという（最近では、2020年の「北島康介杯」女子50メートル自由形の予選で池江璃花子《いけえりかこ》選手が、バタフライで泳ぎ2位通過している）。

ただ、クロール以外の泳法では勝ち抜けないため、国際試合ともなれば、自由形種目でクロール以外の泳ぎ方をする選手はおらず、私たちが目にすることがないのだ。

9 あの名画のタイトルは『モナ・リザ』ではない？

ルネサンス期を代表する天才芸術家のレオナルド・ダ・ヴィンチ。彼の傑作《けっさく》『モナ・リザ』は、誰もが知る世界でもっとも有名な絵画の一つ。

謎めいた微笑を浮かべる美女が、こちらに視線を向けている。

ダ・ヴィンチは「スフマート」というぼかしの技法を使って、輪郭線《りんかくせん》を描かずにこの絵を仕上げている。この技法によって、この絵の魅力である繊細な色調、陰影が表現されている。

この絵画は『モナ・リザ』としてあまりにも知れ渡っているため、これが正式なタイトルだと、ほとんどの人が思っているに違いない。しかし、じつは正式タイトルではないのである。

正式なタイトルはかなり長い

正式なタイトルは**『フランチェスコ・デル・ジョコンドの妻、リザ・ゲラルディーニの肖像』**。それが、なぜ『モナ・リザ』なのかというと、「モナ」とは古イタリア語で「婦人」「夫人」といった意味で、つまり「リザ夫人」というわけだ。このほか『ラ・ジョコンダ』（フランス語では『ラ・ジョコンド』）という呼び方もされる。

『モナ・リザ』にはいくつかの謎があるが、なかでもいちばんの論争となったのが、モデルは誰かというものだ。

もっとも有力視されているのが、絹織物商のフランチェスコ・デル・ジョコンドの妻のリザである。その根拠となったのが、ドイツ・ハイデルベルク大学図書館に所蔵されていた『縁者・友人宛書簡集』（キケロー著）の余白に、「ダ・ヴィンチは3枚の絵を作成中で、一つはジョコンド夫人のリザの絵である　1503年10月」という記述が見つかったことにある。この本の所有者が、ダ・ヴィンチの友人だったため、信ぴょう性が高いとされている。

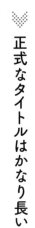

10 アルプス越えのナポレオンの勇姿に〝盛りすぎ〟疑惑

フランスの画家ジャック・ルイ・ダヴィッドが描いた絵画の一つに『サン・ベルナール峠《とうげ》を越えるボナパルト』がある。

世界史や美術の教科書などでも目にしたことがあるだろう。描かれているのは、フランスの皇帝ナポレオンで、イタリア遠征のため、グラン・サン・ベルナール峠を経由してアルプス越えを指揮する勇姿を描いたものだ。

後ろ足で立つ白馬にまたがり、颯爽《さっそう》と指揮を執るナポレオンの威風堂々とした姿に魅了される。

しかし、じつはこのイタリア遠征の際、**ナポレオンは白馬に乗ってはいなかったと**いわれる。

ジャック・ルイ・ダヴィッドが描いた「ナポレオン」

ナポレオンがアルプス越えを決行したのは史実だが、それを絵に残す際に、かなり脚色されてしまったらしい。

真相は「ラバ」に乗っての峠越え

ナポレオンはダヴィッドに、「荒ぶる馬の馬上でも、平然としている姿を描いてほしい」とリクエストしているのだ。

実際には、**天候が穏やかなときに、ラバに乗って峠を越えた**にもかかわらず……。

一説には、ナポレオンのラバはガイドが手綱《たづな》を引いていたともされる。その姿を表わしているのが、ポール・ドラローシュが描いた『アルプスを越えるボナパルト』だ。

ダヴィッドの絵はいかにもわざとらしいとして、ナポレオンのコレクションを持っていたオンズロー家が、ラバに乗った実際の姿を描くように、ドラローシュに注文したものである。
「これぞ英雄の勇姿」というのは、あくまでも絵のなかでの話。険しい峠越えなら、たしかに馬よりもラバのほうが適しているだろう。

ポール・ドラローシュが描いた「ナポレオン」

しかし、この勇壮な絵は、よほど本人も気に入ったのか、似たような構図の絵が複数枚、残されている。いずれもナポレオンからの依頼で、白馬ではなく栗毛の馬が登場するバリエーションもある。
「やや盛りすぎでは？」と思われる一連の絵画だが、英雄ナポレオンの「思惑」や「虚栄心」が透けて見えるようで興味深い。

II

「甲子園の土」はどのくらいスペシャルな土なのか

夏に開かれる全国高等学校野球選手権大会は、夏の風物詩の一つ。一途《いちず》に白球を追う高校球児の姿に、毎年感動させられるという人も多いはず。

くり広げられる熱戦もさることながら、とくに印象的なのが、惜しくも試合に負け、涙を流しながら、ダッグアウト前の土を布袋に詰める球児の姿である。

いわば甲子園の土は、彼らの「青春の象徴」といえる。

とはいえ、毎年、多くの球児が土を持ち帰るので、土の補充は不可欠のはず。

やはり甲子園の土ともなれば、特別な土が使われているに違いない、と気になるのだが……。

阪神甲子園球場（兵庫県西宮市）

高校球児の「青春の象徴」の正体

甲子園の土は特別――。球児の思い入れはよくわかる。

しかし、実際に補充される土のおもな産**地は、岡山県日本原《にほんばら》、三重県鈴鹿《すずか》、鹿児島県鹿屋《かのや》、鳥取県大山《だいせん》**など、特筆に値するような有名な土ではない。これらの土の配合比率に関しても、とくに決まりはない。

そう聞くと、甲子園の土のありがたみが薄らぐような気もするが、じつは適当に混ぜているわけではない。そこはきちんと計算されている。

たとえば、黒土は保水性に優れ、白砂は

水はけがよい。

これらを適切にブレンドすることで、プレーするのに最適なグラウンド状態を作りだしている。

また、日差しの強い夏は、白いボールがよく見えるようにと、黒土の比率を多くするといった配慮もなされている。

さらに、15年から20年に一度は、グラウンドの土を全部出して、下地の整備を行なうなど、甲子園の土の管理は丁寧になされているのだ。

12 バスケの「バックボード」に秘された驚きの目的

バスケットボールの魅力の一つといえば、両チームの得点が次々と決まっていく、スピード感のある試合展開だろう。

どこにもボールが触れることなく、きれいにネットに吸い込まれる気持ちいいシュートもあれば、ネットの後ろにある「バックボード」をうまく使った技ありのシュートもある。

そのバックボードは、そこにボールを当ててシュートを狙う器具だと思っているかもしれない。

試合でも選手がバックボードを利用してシュートを狙うシーンは、しばしば見られるから、そう思ってしまうのも無理からぬことだ。

「観客の妨害」を封じる対策だった

しかし、バスケットボールの歴史を探ってみると、バックボードの目的は、まったく違ったところにあった。

昔のバスケットボールの試合では、ゴールのすぐそばまで観客が集まっていた。そのため、応援するチームを勝たせようと、ゴールそばで観客が手を伸ばしてシュートを手助けしたり、反対に、敵チームのゴールそばで、ボールがネットに入らないように妨害したりする輩《やから》が現われたのだ。

これでは公平な試合ができない。そこで**観客の妨害を封じるために取りつけられた**のが、このバックボードだった。

現在では観客がゴールのすぐそばに入ることはなく、当初のバックボードの役割はなくなったが、代わりにシュートが決まりやすくなることで、ゲームの面白さに一役買っている。

13 ボウリング場の貸しシューズがやけに派手なワケ

趣味がボウリングという人ならいざ知らず、友人とふらっとボウリング場に遊びに来た人なら、貸しボールと貸しシューズを利用するのが一般的だろう。

そのボウリング場の貸しシューズは、無難なデザインというよりは、独特の色使いをした派手なデザインのものが多い。

あえて目立つデザインにすることで、ボウリング場をにぎやかな雰囲気にしようという目論見《もくろみ》があると思えなくもない……。

目につくデザインでボウリング場の華やかさを演出するという推測はもっともらしいが、じつは的外れ。**貸しシューズが派手なのは、そもそも盗難防止のため**だった。

ボウリング場のシューズを盗む人がいるのかと驚かされるが、話は1980年代に

あえて派手で独特なデザインを採用している

さかのぼる。

盗難を抑止する作戦だった！

当時は、まさにディスコブーム。

ボウリング用のシューズは、ボールを投げる動作がしやすいようにと、靴底に滑《すべ》らない工夫がされていた。

これがディスコで踊るときに重宝《ちょうほう》するということで、貸しシューズを勝手に持ち帰ってしまう人が続出したらしい。

そこで、ボウリング場の外で履《は》けば、**服装とのアンバランスさが目立つデザイン**にしたのだ。

ほかの場所で履けば目立つ派手な色合い

にすることで、盗難を抑止する作戦だった。

さて、その効果はというと、……あまりなかったらしい。

その後、ディスコブームが下火になったことで、貸しシューズの盗難件数は自然と減っていったそうだ。

今では貸しシューズが盗難に遭うリスクは小さくなったが、その頃の名残《なごり》で貸しシューズは今も派手なものが多いというわけだ。

2章

ベルリンの壁が分断したのは「ドイツ」ではない？

——歴史に関する勘違い

14

「人民の 人民による――」はリンカーンの名言ではない

歴代のアメリカ合衆国大統領のなかで、もっとも知名度がある一人が、第16代大統領のエイブラハム・リンカーンだろう。

アメリカが南北に分かれて戦った南北戦争(1861〜1865)では奴隷《どれい》解放宣言を出すなど、その功績は計り知れない。今もなお彼にまつわる書籍や映画は数多く制作されており、多くの人に支持されている。

その彼が1863年のゲティスバーグの演説で語った言葉に「人民の 人民による人民のための政治」というフレーズがある。リンカーンの名言として誰もが知っているものだろう。

あまりにも有名なため、このフレーズは彼自身が考え出した、リンカーンのオリジ

第16代アメリカ大統領リンカーン。ゲティスバーグ演説では
「人民の 人民による 人民のための政治」という有名な一節を残した

ナルだと思っている人がいても不思議ではない。

受け売りの、さらに受け売り

しかし、実際には、このフレーズは彼のオリジナルではない。

この言葉を書物で最初に確認できるのは14世紀。イギリスの宗教改革家ジョン・ウィクリフが1380年頃に発行した英訳『旧約聖書』の序文に、「人民の 人民による 人民のための統治に資するもの」という一節があるという（確認できないともいわれる）。

この序文を引用したのが、19世紀前半の

アメリカを代表する政治家のひとりであるダニエル・ウェブスターだった。1830年の連邦上院議会での演説で使ったが、リンカーンのようにクローズアップされることはなかった。

では、リンカーンはウェブスターの言葉を直接引用したのかというと、そうではない。

奴隷制度の廃止と女性の権利を求める政治運動を行なった牧師セオドア・パーカーが、ウェブスターの言葉を自著で引用している。パーカーを尊敬していたリンカーンは、**パーカーの著作から、このフレーズを拝借《はいしゃく》した**にすぎないのだ。

15 「いい国つくろう」鎌倉幕府の年号はもはや過去のもの？

「鎌倉幕府の成立年はいつ？」と唐突に聞かれて、即座に「いい国（１１９２）つくろう鎌倉幕府」と口をついて出るなら、中・高生のとき真面目に勉強してきた人に違いない。

歴史の教科書によれば、１１９２（建久《けんきゅう》３）年は源　頼朝《みなもとのよりとも》が征夷大将軍《せいいたいしょうぐん》に任じられた年。すなわち武家の棟梁《とうりょう》という確固たる地位を公《おおやけ》に認められた年だ。

「征夷大将軍に任じられた＝幕府成立」という考え方から、これまで鎌倉幕府の成立は、頼朝が征夷大将軍になった１１９２年とされてきた。

しかし現在、**この認識は過去のものになっている**――。

新しい語呂合わせは「いい箱《1185》つくろう」

そもそも、征夷大将軍が政権のトップの座を占めるようになるのは徳川将軍の江戸時代から。

鎌倉時代にはこのような考え方はなかったことから、１１９２年とするのには疑問が残るというのが、現在の考え方だ。

定説とはされていないものの、**成立年の有力な候補の一つは１１８５（文治《ぶんじ》元）年**である。

１１８５年は、守護《しゅご》や地《じ》頭《とう》が設置された年。つまり、それまで地方を支配していた朝廷の役人を追い出し、東国を中心に全国各地を鎌倉幕府が支配する仕組みができたことを意味している。

さらに、前年の１１８４年には、公文所《くもんじょ》（政所《まんどころ》）と問注所《もんちゅうじょ》が開設されている。研究者の間では、この頃には幕府内の組織はすでに確立していたと考えるのが、最近では主流になっているようだ。

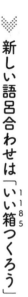

16 ハチ公は博士を「渋谷駅」で送り迎えしていなかった？

東京帝国大学（現東京大学）の上野《うえの》英三郎《ひでさぶろう》博士の愛犬だった秋田犬《あきたいぬ》のハチは、毎日博士を送り迎えしていた。

あるとき、博士は大学で急死し、帰らぬ人となってしまう。そうとは知らず博士を迎えにやってきたハチは、博士の帰りを待ち続けた。その健気さを物語るのが、ＪＲ渋谷駅ハチ公前広場に置かれた「忠犬ハチ公」像だ。

ところで、渋谷駅前にハチ公像が置かれているためか、ハチは毎朝、博士を「渋谷駅」まで送り届けていたと誤解している人も多い。夕方には同じく渋谷駅で博士を出迎え、一緒に自宅へ帰ったのだと……。

東大農学部(文京区本郷)に2015年に設置された
「上野英三郎博士とハチ公」像

博士が「最後に利用した」のが渋谷駅

けれども、当時博士が通っていたのは東京帝大の「駒場キャンパス」。

博士は自宅から当時農学部のあった駒場のキャンパスまで、毎日徒歩で通っていたという。

つまり、**ハチが毎日、博士を送り迎えしたのは、駒場キャンパスの大学の門の前で**ある。

では、なぜハチ公像が渋谷駅に置かれているのか。

それは博士の死後、ハチが主人の帰りを待ち続けたのが、渋谷駅だったからだ。

博士は農業土木の権威であり、農商務省の試験場（農業環境技術研究所として現つくば市に2016年まで存在）での実験や指導などで、全国各地の現場に出かけることも多くあった。

出張や、大学の本郷キャンパスに行く際に博士が利用していたのが渋谷駅だった。ハチは、なかなか帰ってこない博士が長い出張に出かけたと思い、帰ってくるならここだと考えて、渋谷駅で待っていたらしい。

ただ一説によると、当時の渋谷駅の周辺には、焼鳥の屋台など食べ物に困らない環境が揃っており、世話を焼いてくれる人も少なくなかったからだとも……。

17

日本の戦闘機なのに、なぜ「ゼロ」戦と呼ばれたのか

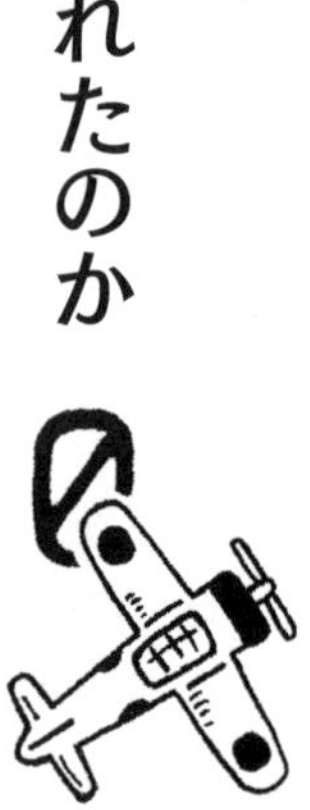

第二次世界大戦中、日本が世界に誇った戦闘機に「ゼロ戦」がある。徹底的に軽量化されたその機体は、空中戦における敏捷性《びんしょうせい》に優れており、ゼロ戦はアメリカ軍に大いに恐れられた。

また、飛行速度や航続距離も当時の世界最高レベルだった。

そのゼロ戦の正式名称は「零式《れいしき》艦上戦闘機」。

「零」という漢字の読み方に「ゼロ」はない。つまり、本当は**「レイ戦」と呼ぶのが正しい**呼び方である。

にもかかわらず、なぜゼロ戦という呼び名がこれほど浸透したのかというと、アメリカ軍が「ゼロ・ファイター」と呼んでいたことにある。

鹿児島県霧島市上床《うわとこ》公園に展示されている零戦のプロペラ。
案内板の説明文には「れいせん」と振り仮名が振られている

戦時中に英語はご法度。でも呼びやすいのは……

戦時中の日本では敵国の英語を使うのはご法度《はっと》。

ゼロ戦という呼び名が広まったのは、戦後になってからというのが一般的な説だ。

正式名称に「零式」とあるのは、当時の日本では和暦のほかに皇紀《こうき》（日本の建国から何年目かを表わす暦《こよみ》）があったことに由来する。

この戦闘機が制式採用された１９４０年は、皇紀２６００年だった。

そこで、下二桁の「０」を以て「零式」と呼称された。

ただし、戦時中でもゼロ戦という呼び方をしていたという説も残っている。

航空母艦艦上では風の音やエンジン音が大きく、言葉が聞き取りにくいため、聞き取りやすい言葉が好まれた。

「レイ」よりも「ゼロ」のほうがはっきり聞こえるため、意思の疎通がしやすいゼロ戦という呼び名を使っていたこともあったという。

18 「ベルリンの壁」が分断していたのは「ドイツ」ではなかった?

1989年11月9日の「ベルリンの壁」崩壊は、東西冷戦の終結を象徴する世界史的な出来事だ。壁崩壊に促されるかのように東欧諸国の共産主義政府が次々と崩壊し、民主主義の勢力が増していったのだ。

ところで冷戦を象徴していたベルリンの壁は、どのようにして作られたのかご存じだろうか。

第二次世界大戦の敗戦により、ドイツは、戦勝国のアメリカ、イギリス、フランス、ソ連(ソビエト連邦)により分割統治をされることとなった。アメリカ、イギリス、フランスが統治したのが西ドイツ、ソ連が統治したのが東ドイツだ。

東西ドイツの経済格差は激しく、東ドイツ側から豊かで自由な西ドイツ側へ逃れる

「ベルリンの壁」自体は、東ドイツのなかにすっぽり収まっていた

人々も多かった。

そのような人々を阻止するべく、ドイツを東西の真っ二つに隔《へだ》てるように作られたのが「ベルリンの壁」である――。

そんなふうに勘違いしていないだろうか。

壁が隔てていたのは「東西ベルリン」

実際に壁が隔てていたのは、ドイツの首都だったベルリンの西と東、つまり西ベルリンと東ベルリンだ。

ベルリンは、東ドイツにある。

つまり、**壁自体は東ドイツのなかにすっぽりと収まっていた。**

じつは、首都ベルリンに関しては、ソ連一国の統治ではなく、4か国統治がなされていた。

ソ連が統治していたのが東ベルリンで、西側の3か国が統治していたのが西ベルリンだ。

西ドイツへの国境を目指さなくても、西ベルリンへ行けば豊かな生活が手に入る。そこで、人々が殺到するのを阻止するために、西ベルリンをぐるりと取り囲んで陸の孤島のようにする壁が作られたというわけだ。

19

新選組・沖田総司は「喀血して倒れた」はウソ!?

江戸時代末期の1864（元治《げんじ》元）年、京都三条木屋町《きやまち》の旅籠《はたご》・池田屋に潜伏していた尊王攘夷《そんのうじょうい》派の志士を新選組が襲撃。これが有名な池田屋事件だ。このとき新選組局長の近藤勇《こんどういさみ》とともに池田屋へ斬り込んだのが、美男剣士・沖田総司《おきたそうじ》である。

類《たぐ》い稀《まれ》なる剣の遣い手でありながら病弱であり、20代の若さで夭折《ようせつ》した。肺結核を患《わずら》っていたために、池田屋事件の当日も奮戦中に血を吐いて倒れ込んだとされる。

色白の美青年剣士が、激しい斬り合いのさなかに血を吐いて倒れ込む――。新選組を扱った時代劇なら、必ずといっていいほど演じられるシーンだろう。

結核発症前でピンピンしていたはず

しかしながら史料によれば、当時の沖田は肺結核発症前、または仮に発症していてもまだ初期の段階で、**血を吐いて倒れるほどの重症ではなかったらしい。**

幕末の西本願寺侍臣《じしん》だった西村兼文《かねふみ》の『新撰組始末記』によると、「沖田総司ハ不《ふ》動堂村《どうどうむら》へ転隊シタル頃ヨリ大病ニ患シ」とある。

つまり、不動堂村へ新選組の屯所《とんしょ》を移した頃、沖田の症状が悪化したことになる。不動堂村への移所は1867（慶応3）年で、池田屋事件が起こったのはそれよりも3年も前のことだ。

新選組の隊士・島田魁《かい》の『島田魁日記』や近藤が池田屋事件の3日後に出した書簡などにも、沖田の喀血《かっけつ》のことは記されていない。

沖田の喀血説は、明治維新後に広まったもので、やがて昭和に入り、小説家の子母《しも》澤寛《ざわかん》が、小説『新選組始末記』のなかでその様子を克明に描写し、それが流布《るふ》したのが真相のようだ。

20 薪を背負うあの少年は「二宮金次郎」ではない！

戦前の小学校には、薪《まき》を背負って歩きながら本を読む少年の像があった。一般的には「二宮金次郎像」と称されるものだ。

二宮金次郎（二宮尊徳《そんとく》）は、江戸時代後期に道徳と経済の両立を説く「報徳《ほうとく》思想」を唱え、農村の復興を指導した農政家・思想家である。幼少期は、川の氾濫《はんらん》により田畑を失い、両親は心身困憊《こんぱい》に陥り死去するなどの苦難に見舞われた。そんななかでも向学心を忘れずに、薪を運びながらも寸暇を惜しんで勉学に励んだ人物だ。

この少年金次郎が薪を背負う像のモデルであることを疑う余地はないだろう。しかし、史料を読み解くと、そうともいえないことが明らかになってくる。

実際の金次郎少年は、身長180㎝の大男だった

モデルは「アメリカの少年」

第一に、金次郎が住んでいた現在の神奈川県小田原地方では、薪は天秤棒《てんびんぼう》で担《かつ》いで運んでいた。

また金次郎は、14歳にしてすでに身長6尺（約180センチメートル）もある立派な体格をしていたという。大男が天秤棒を担いでいる姿では、苦学する少年のイメージとあまりにもかけ離れている。

つまり金次郎が、薪を背負って歩く間も惜しんで勉学に励んでいたというのは脚色である。

では、この像のモデルは、いったい誰な

のか。じつは、**金次郎ではなくアメリカの「ジョン・ブラウン少年」**だという説がある。

1873（明治6）年に文部省が採用した『小学読本《とくほん》』（文部省が東京師範学校〈現筑波大学〉に要請して作らせた）は、大半がアメリカの『ウィルソン・第二リーダー』という教材を翻訳して作られた。この教材に出てくるのがブラウン少年だ。ただブラウン少年は薪を背負っていたわけではなく、読書をしながら牛を引いていた。

仕事の合間にも勉学に励むような向学心を強調するために、日本版にアレンジしたのが金次郎像だったと考えられるというわけだ。

21 水戸黄門は「全国を漫遊」したかと思いきや――

昭和のお茶の間で大人気を博したテレビドラマの一つが、『水戸黄門』というシリーズの時代劇だ。主人公の黄門さまが助さん格さんを従えて諸国を旅しながら、行く先々で不届き者を懲《こ》らしめるという、王道の勧善懲悪ドラマ。

クライマックスでは、格さんが悪者に印籠《いんろう》を差し出し、「この紋所《もんどころ》が目に入らぬか。ここにおわすお方をどなたと心得る。畏《おそ》れ多くも前《さき》の副将軍、水戸光圀《みつくに》公にあらせられるぞ、頭《ず》が高い……」との決めゼリフ――誰もが黄門さまにエールを送ったものだ。

主人公の黄門さまとは、徳川家康の孫で水戸藩2代目藩主の水戸光圀のことだが、実際の光圀とは、どのような人物だったのだろうか。

時代劇のように全国を旅したのは史実だと思っている人も多いはず。たしかに助さ

水戸の千波湖《せんばこ》の湖畔に立つ徳川光圀公像

んや格さんのモデルも実在しており、3人での諸国漫遊《まんゆう》の信ぴょう性は高い？

関東圏内から出なかった

ところが光圀は、**お供をともなって遠出しても、せいぜい関東圏内**だった。それより遠くに出かけたことはない、というのが真相らしい。

では、なぜこんな絵空事ともいえる物語ができあがったのか。どうやら光圀の業績と講釈師の創作が関係しているようだ。

光圀は『大日本史』という史書編纂《へんさん》に携《たずさ》わっており、全国各地に部下を派遣して、実情を報告させていた（『大日本史』の編纂は水戸藩の事業として受け継がれ、1906（明治39）年に完成）。

そのことから自分の藩だけでなく、全国各地にまで目を光らせる正義の人というイメージが形づくられた。

また、江戸時代の講釈師が、十返舎一九《じっぺんしゃいっく》の滑稽本《こっけいぼん》『東海道中膝栗毛《とうかいどうちゅうひざくりげ》』（弥次郎兵衛《やじろべえ》と喜多八《きたはち》の二人が伊勢詣《いせもう》でを思い立ち、東海道を江戸から京、大坂へと旅をする物語）を参考に、全国を旅する黄門さま一行の話を創作した。

さらに明治時代になると、その旅の道中で悪人を成敗するという要素が加わったことで、人気に火がついた。これが冒頭のテレビ時代劇『水戸黄門』に受け継がれていったのだ。

22 やっぱりありえない武田信玄と上杉謙信の一騎打ち

武田《たけだ》信玄《しんげん》と上杉謙信《うえすぎけんしん》が5度にわたって繰り広げた「川中島の戦い」。

なかでも有名なのが、第4次の戦い。信玄の本陣内に突如、謙信が馬に乗って現われて、信玄に向かって太刀《たち》を振り下ろす。不意を突かれた信玄は、その太刀を軍配《ぐんばい》でかろうじて振り払う——。

武田家の軍学書『甲陽軍鑑《こうようぐんかん》』に記されている、戦国ものを扱うドラマでは外せない名シーンの一つだ。

大胆不敵な謙信と、不意を突かれても冷静に応じた信玄。どちらも、戦国時代きっての実力を持つ武将であることを表わしているエピソードである。

しかしながら、当時の戦い方を考えれば、**大将同士が一騎打ちをすることはありえ**

武田信玄（左）と上杉謙信（右）。
二人が「第4次川中島の戦い」で相まみえたというのは脚色か

ないのだ。

「第4次川中島の戦い」の真相

大将は自軍を率《ひき》いて、どのような陣を敷くか、どのような攻め方をするかなどを指示するのが役目。

自ら敵の本陣に斬り込んでいくなどということはありえない。

そもそも大将の首を取られたら、たとえ戦況が有利であっても負け戦《いくさ》になる。謙信の奇襲はあまりにも無謀というものだ。

ではなぜ、『甲陽軍鑑』にこのエピソードが記されているのだろうか。

一説には、信玄が敵の兵に斬りつけられたことがあったことに関係しているという。この説を裏づけるように、『上杉家御年譜《うえすぎけごねんぷ》』には、「荒川伊豆守長実《あらかわいずのかみながざね》が信玄を襲った」と記されている。

しか**しそのまま記述しては信玄の沽券《こけん》にかかわるので、『甲陽軍鑑』の書き手は謙信自らが斬り込んできたと脚色した**のではないか……。歴史書の編纂も気骨の折れる作業である。

23 大岡越前は「とんちが光る名奉行」ではなかった？

大岡越前守忠相《おおおかえちぜんのかみただすけ》は、40歳という異例の若さで江戸南町奉行《ぶぎょう》に就任し、8代将軍徳川吉宗《よしむね》の側近となった人物だ。つねに庶民の暮らしを考え、江戸町民のためにさまざまな施策《せさく》を行なったとされる。

また、「大岡裁き」（公正で人情味のある裁定・判決のこと）という言葉の由来となっていることからもわかるように、名裁判官としての誉《ほま》れも高い。

そんな大岡裁きのなかで、もっとも有名な話がある。

一人の子どもをめぐって自分が母親だと主張する二人の女性がいた。互いに母親だと主張するので、「子どもの手を引っ張ってみよ」と越前は命じた。子どもを自分のほうへ引き寄せようと両方から引っ張ったので、子どもは痛くて泣きだしてしまう。

すると、一方の女性は思わず子どもの手を離した。

すかさず越前は、手を離した女性が母親だと告げる。本当の母親なら痛がる子どもの手をさらに引っ張ることなどできない、というわけだ。

これが大岡越前の名裁きの一例である。

たしかに、南町奉行は実際にあり、大岡越前に仮託した「大岡政談」が、数々の名裁きを伝えている。

越前が活躍したのは、幕府改革の一環として「享保《きようほう》の改革」（18世紀前半）が推し進められていた頃であり、越前のような傑出した人物がいてもおかしくないだろう。

けれども、**大岡越前が名裁きを行なったというのは、まったくの創作**である。

部下が用意した判決文を読み上げるだけ

町奉行は、江戸の町で起こる事件や訴訟の裁判だけでなく、行政も司《つかさど》った。お触れ（法律）を町民に知らしめ、取り締まり（警察）や火消し（消防）の役目も担っていた。

南町奉行所跡（千代田区有楽町）。
江戸町奉行に自ら裁きに出向くヒマはない

町奉行は南と北の二人がいたが、これだけの仕事をこなすのは大変である。

しかも午前中は江戸城に登城して、上司である老中《ろうじゅう》に報告したり指示を仰《あお》いだりしなければならなかった。

だから、一つひとつの裁きを越前自ら行なうことなど、物理的に無理な話。

越前が裁きにかかわるとすれば、重要案件に関して、部下が出した裁決を読み上げることぐらいだろう。

「こんな奉行がいたらいいな」という庶民の願望が数々の「大岡政談」の創作を生み出し、大岡越前を名奉行に仕立て上げたのだろう。

24 「大江戸八百八町」はかなり控えめなネーミング!?

江戸の町の繁栄ぶりを表わす言葉に「大江戸八百八町《はっぴゃくやちょう》」というのがある。時代劇でもよく出てくる言葉だ。

これは、江戸には８０８もの町《ちょう》があったことを示している。江戸が当時、いかに大都市だったかがうかがえる。

しかし、江戸の町の数を指す「八百八町」の８０８は、**具体的な数字ではない**。「多い」ことを表わす表現にすぎないのだ。「ウソ八百」「八百万《やおよろず》の神」といった表現と同じ意味合いである。

では、江戸には実際どのくらいの町があったのだろう。これは時期によってずいぶん異なる。

初代将軍の徳川家康が江戸に入った頃は寒村《かんそん》がぽつぽつあるのみだった。家康の入城後、開発され、町は一気に300にまで増えた。

ピーク時に名づけていたら「大江戸千六百七十八町」

江戸の都市開発が飛躍的に進んだのは、1657（明暦《めいれき》3）年の「明暦の大火」以後である。

この大火事で江戸の町の6割が焼失したともいわれるが、これを機に計画的な都市開発が進むことになった。郊外の町が江戸（御府内）に吸収されたり、海を埋め立てて土地が拡張されたりした。

18世紀初頭には933の町ができて、「八百八町」を上回る。さらに、**延享年間《えんきょう》（1744～48）には1678の町ができた**という。

「大江戸八百八町」という表現は、盛りすぎの誇張ではなく、むしろ逆で、かなり控えめな表現だったといえよう。

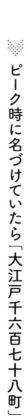

25 鎖国下も「対外政策」に余念がなかった江戸幕府

江戸時代、幕府が鎖国政策なる方針をとっていたのは事実であり、人々は海外へ渡航することも、海外との交易も禁じられた。

また、それまで日本と交易のあったスペインやポルトガルは、いわゆる鎖国以降、日本との付き合いが希薄になっている。

これにより、海外の技術や情報が入ってこなくなるというデメリットがあった反面、歌舞伎《かぶき》、浄瑠璃《じょうるり》や浮世絵などといった、外国文化の影響を受けない日本独特の文化が開花したのだ。

そして、幕末のペリー来航によって鎖国政策が終わった——といわれるが、それ以前も**完全な鎖国状態だったかというと、そうではない。**

鎖国政策をとっていた江戸幕府には対外窓口(港)が4つもあった

交易だけでなく、国際情勢もキャッチ

外国との交流は制限されていたが、じつは、**外国との窓口が4つもあった。**松前《まつまえ》、対馬《つしま》、長崎、薩摩《さつま》である。

北海道の松前はアイヌ民族と、対馬は朝鮮と、長崎はオランダと中国(明《みん》・清《しん》)、薩摩は琉球と交易していた。

4つの窓口は、交易だけでなく、外国からの情報収集の場としても重要だった。

とくに長崎のオランダ商館長

に対しては、『オランダ風説書《ふうせつがき》』という国際情勢を記した書類を毎年提出することを義務づけていた。

海外への窓口が4つでは十分とはいえないが、幕府はそれなりに海外にも目を配っていたのである。

このように、幕府はけっして国を鎖《とざ》していたわけではなく、厳密な意味での鎖国ではなかったということから、現在の教科書では、「　」つきで「鎖国」と記したり、「いわゆる鎖国」といった煮え切らない表現をしたりしている。さらには、東アジアの伝統的な対外政策である「海禁《かいきん》」として捉え、鎖国ではなく海禁という言葉を用いる学者もいる。

26

〝千円札のあの人〟の本名は「野口英世」ではない!?

２００４（平成16）年発行開始の千円札の肖像にもなっている野口英世《ひでよ》は、世界を舞台に活躍した明治時代の医師、細菌学者である。

幼少期に自宅のいろりで左手指に大やけどを負ったが、手術を受けて回復。医学のすばらしさに感動し、医師になることを志した。

おもに黄熱病《おうねつびょう》や梅毒《ばいどく》の研究に邁進《まいしん》し、ノーベル生理学・医学賞候補に３度も名があがるなど、大きな功績を残した。

１９２８（昭和３）年、黄熱病の病原体を特定するため西アフリカ、アクラ（現ガーナ共和国）に赴き、自身も現地で黄熱病に感染し死去する。

悲運の医師であるが、２００８（平成20）年には、アフリカでの感染症の研究にお

野口英世生家（福島県耶麻郡）

いて功績をあげた世界の医学者を対象とした「野口英世アフリカ賞」の第1回授与式が行なわれるなど、世界的に知名度がある。

もちろん、伝記や人名辞典にも必ず名前が載っている有名人だ。

本名は「清作」。名乗れない切実な事情が

しかし英世という名は、じつは親が命名した本来の名ではない。

英世という名は、後年に野口自身が改名したものなのだ。**もともとの名前は野口清作《せいさく》**である。

当時は改名するには厳格な条件があった。気軽に改名できなかった時代、なぜ、野

口は改名にこだわったのか。

じつは彼にとっては切実な理由があった。それは、坪内逍遥《つぼうちしょうよう》の『当世書生気質《とうせいしょせいかたぎ》』という小説が原因である。

主人公の名は野々口精作という優秀な医学生だったが、遊郭《ゆうかく》通いにより自堕落《じだらく》な生活を送り、最後は自殺するというストーリー。

名前が酷似《こくじ》していることもさることながら、当時の野口の生活もだらしなく、生き様も物語に似ていたらしい。

そんな野口は、小説のモデルが自分だと思われるのが嫌だったため、改名することにしたといわれている。

実際には、この小説が出版されたとき、野口清作はまだ9歳の無名の子どもであり、野々口精作のモデルだと勘違いされるはずはないのだが……。にわかには信じがたい偶然の一致である。

27 平家討伐の功労者、源義経は「イケメン」と名高いが……

源頼朝の異母弟《いぼてい》で、平家討伐に貢献したにもかかわらず、兄・頼朝から追討され、ついには奥州平泉《おうしゅうひらいずみ》で命を落とした義経《よしつね》。

その悲運を憐れみ、義経が非違《ひい》を取り締まる役職「検非違使《けびいし》」の「判官《ほうがん》」(「はんがん」とも)という職位に就いていたことから、「判官びいき」という言葉が生まれたほど、義経人気は今も高い。

義経の不運な一生もさることながら、色白でイケメンな武将だったというイメージも人気の一つだろう。時代劇でも義経役は、イケメン俳優が演じると決まっている。義経のイケメンぶりは後世まで語り継がれているといえるだろう。

実際に、義経が主人公の物語である室町時代の軍記物語の『義経記《ぎけいき》』には、元服《げんぷく》前

源義経公像（徳島県小松島市）。
馬上で弓を射る姿はなんとも勇ましいが……

の義経は美少年だったと記されている。

真の姿は、低身長で出っ歯？

ところが鎌倉時代に成立した軍記物語の『平家物語』によると、**色白の小柄で、前歯が出ていて**、それがかなり目立っていたと記されている。

むろん美少年という記述はない。

頼朝が出した義経の手配書にも、身長は5尺（約150センチメートル）で、歯が出ているとある。

頼朝に追われた義経一行が潜伏した奈良県・吉野の吉水《よしみず》神社には、義経が奉納したとされる鎧《よろい》（重文）が収蔵されている。また、愛媛県大三島《おおみしま》の大山祇《おおやまづみ》神社には、壇ノ浦《だんのうら》の合戦で義経が「八艘飛《はっそうと》び」の際に纏《まと》っていたという鎧（国宝）もある。両鎧ともとても小ぶりなもので、もし、これらの鎧が本当に義経のものであったなら、「義経小柄説」が証明されるだろう。

『義経記』以外には義経がイケメンだったことを裏づける史料はなく、むしろイケメンとは真逆の風貌《ふうぼう》だった可能性が高いのである。

28「武士は切腹も厭わなかった」……ってホント？

武士の美学では、切腹をすることは武家の面目《めんぼく》を保つことだった。打ち首になるのと、自ら切腹するのでは、同じ死罪とはいえ雲泥《うんでい》の差がある——まさに切腹は武士道の要諦《ようたい》だったのだ。

しかし、なぜ腹を切るのか。昔の日本では、魂は頭や胸ではなく腹に宿っていると信じられていたからにほかならない。そのため切腹には、腹を開いて見せることで自らの魂の気高さを証明する、といった意味があったのだ。

ところが、実際には腹に刀を刺しただけでは、なかなか死ねるものではない。

まずは横一線に刃を入れ、次に縦に刃を入れるといった作法はあるものの、絶命するまでには相当苦しむはず。

介錯人《かいしゃくにん》の手助けがあるとしても、戦国時代ならいざ知らず、太平の世である江戸時代の武士は、出陣の経験など皆無。**自らの腹に刃を立てるなど、よほどの豪傑《ごうけつ》でなければできない**行為だった。

太平の世には「ポーズで済ませる」のが主流に

江戸時代の武士の切腹は、切腹のポーズだけで済ませるのが主流だった。三方《さんぼう》に置かれた短刀（大相撲の立行司《たてぎょうじ》が差しているのが短刀。「差し違え」の際には切腹をするという決意表明）、あるいは扇子を取ろうと手を伸ばしたところで、介錯人が素早く首を斬り落とした（首の皮一枚で残すのが作法）。これなら苦しまないだろう。

また、江戸時代の切腹は、自宅の座敷か庭、下級武士なら牢屋敷《ろうやしき》で行なわれたが、どちらにしても室内か敷地内。そんなところで腹を切られては、内臓が飛び散り、片づけるのが大変といった理由もあったらしい。

ただ武士の面目として、自ら腹を切りたいと願い出れば、その願いは叶えられた。

29 赤穂浪士の討ち入りは、「雪が降りしきる夜半」のはず……

人形浄瑠璃や歌舞伎の演目の一つである『仮名手本忠臣蔵《かなでほんちゅうしんぐら》』などで描かれる赤穂《あこう》浪士《ろうし》の討ち入りシーンは、雪がしんしんと降る深夜が定番の設定である。降る雪に紛《まぎ》れながら、四十七士は、主君・浅野《あさの》長矩《ながのり》の敵《かたき》である吉良上野介《きらこうずけのすけ》の屋敷へ押し入って首を取り、仇討《あだう》ちを果たすのだ。

1702(元禄《げんろく》15)年12月14日の深夜の出来事である。季節を考えれば雪が降っていてもおかしくはない。

ところが、**実際の討ち入りの日は晴天で、雪は降っていなかった。**月が明るく闇夜を照らしていたというのが事実である。

月明かりのおかげで、浪士たちは道を間違うことなく、すみやかに吉良邸へ赴くことができたという。

ほかにも「絶好の条件」が揃っていた

討ち入り当日は晴天だったが、**前日はたしかに雪が降っていたらしい。**

しかも江戸にしては珍しく大雪だったので、討ち入りの日は積もった雪が残っていたようだ。

この雪のおかげで浪士たちの足音は小さくなり、気づかれずに討ち入りできたともいわれる。足音を消す雪と道を照らす月明かり――まさに討ち入りには絶好の条件が揃っていたわけだ。

雪がしんしんと降りしきるなか、浪士たちの雪を踏みしめる音だけが響く――。

このようなシーンは、亡き主君へのゆるぎない彼らの忠義心や、その後に待っている過酷な運命を暗示するかのような効果を演出していたのだろう。

30 「スペイン風邪」なのにスペイン起源ではない!?

2020（令和2）年、国内で初めて新型コロナウイルスの感染が確認され、その後、パンデミック（感染症の世界的大流行）の恐ろしさをまざまざと体験することとなった。

戦争以外で、これほど世界的に大きな影響を及ぼす出来事はそうそうないが、パンデミックの歴史を振り返れば、1918（大正7）年から流行した「スペイン風邪」がある。これは当時の新型インフルエンザで、1920（大正9）年頃にやっと終息した。当時の世界人口（18億～20億人）の3分の1以上が感染し、死者は2000万～5000万人にものぼったとされる。

このスペイン風邪の発生源はどこか――。当然、名前の由来にもなっているスペインだろうと、大半の人が考えているに違いない。

発生源はアメリカ。スペインには迷惑な話

ところが、1918年のパンデミックは、インフルエンザの流行を**スペインが最初に報道したことから、スペイン風邪**と呼ばれるようになった、というのが真実だ。

当時は第一次世界大戦の真っ最中で、当事国では厳しい情報統制が敷かれていた。敵国に自国の内情を知られてはまずい。当然ながら、伝染病の報道などできるはずがなかった。その点、大戦に参加していなかった中立国のスペインでは、情報統制がなかったため、インフルエンザの流行をいち早く伝えることができたのだ。

では、発生源はどこかというと、もっとも有力な説はアメリカである。

1918年3月、カンザス州の陸軍基地キャンプ・ファンストンでインフルエンザが流行し、4月になると、ヨーロッパ戦線に向かうアメリカ兵とともに、このインフルエンザもヨーロッパへと渡ることとなる。その後、秋頃から世界的な感染拡大がはじまったという。スペインとしては完全な濡れ衣で、迷惑至極なネーミングである。

3章

三十三間堂の長さは「六十六間」？

——文化・風習に関する勘違い

31 「黒ひげ危機一発」の〝あの遊び方〟は間違っている？

人形が入った樽《たる》の穴に、一人ずつ剣を刺していき、どこかのタイミングで人形が飛び出すゲームといえば、「黒ひげ危機一発」（タカラトミー）である。

どこの穴に剣を刺すと人形が飛び出すのかわからないので、ドキドキしながら楽しむゲームだ。

ルールはご存じの通り、人形を飛び出させた人が負け、というもの。負けた人に罰ゲームを用意するなどして、盛り上がった経験がある人も多いだろう。

ところが、このゲームの発売当初は、**「人形が飛び出したら勝ち」という真逆のルール**が採用されていたのだ。

当初は「黒ひげくんを助ける」ゲーム

なぜなら、このゲームのストーリーは次のようなものだったからだ。

海賊《かいぞく》の親分（黒ひげくん人形）が捕まってしまい、縄で縛られて樽のなかに閉じ込められてしまった。そこで、親分の縄を剣で切って救出を試みる。そのため、縄を切って親分を救出した（飛び出させた）人が勝ち。

「黒ひげ危機一発」は1975（昭和50）年7月に発売されたが、**当初のルールを覆したのが、翌年からはじまったテレビのクイズ番組『クイズ！ドレミファドン』**。

この番組で、黒ひげくん人形が飛び出したら負けとしたことで、こちらのルールのほうが浸透してしまったのである。

そこで、発売元としても79年からは、「飛び出したら勝ちか負けかは、遊ぶ前に決めてください」ということにしていた。

ところが、とうとう1995（平成7）年には「人形が飛び出したら負け」を正式ルールとして、パッケージに記すようになったのだ。

32 天皇は「皇族ではない」ってホント？

国王（キング）がいる国はあるが、天皇（エンペラー）がいる国は、世界で唯一、日本だけである。

外国では王の親族を王族と呼ぶが、天皇の親族は「皇族」と呼ばれる。

その皇族には、皇后《こうごう》をはじめ、親王《しんのう》、内親王《ないしんのう》、皇太子妃《こうたいしひ》、親王妃など、さまざまな方がおられる。そして、その中心にいるのが天皇である……と思っている人が多いだろうが、じつは**天皇は皇族に含まれない**。

なぜなら皇族とは、「天皇の血筋を継ぐ一族」という意味だからだ。

1947（昭和22）年に制定された皇室典範《てんぱん》（第5条）には、皇族とは「皇后、太《たい》皇太后《こうたいごう》、皇太后《こうたいごう》、親王、親王妃、内親王、王、王妃および女王をいう」と定められている。

皇太后とは、天皇の母、太皇太后とは天皇の祖母のこと。天皇の子どものうち男子は親王、女子は内親王となる。三世以下の男性は王、女性は女王（三世は曽孫）である。

「皇室」には天皇も含まれる

ちなみに、「皇族」という言葉とともによく耳にするのが「皇室」である。**皇室には天皇も含まれる。**皇室とは、天皇と皇族を指しているからだ。

皇族と皇室、同じような意味で使っている人が多いだろうが、天皇が含まれるか含まれないかで、大きな違いがある。

33 お寺が多いのは「京都や奈良」と思いがちだが……

２０２４年１月時点でのコンビニエンスストアの数は、約５万５５００店舗だが、その数よりも多いといわれているのが寺院の数だ。

文化庁の「宗教統計調査」（２０２３年12月28日現在）によると、寺院の宗教団体数は７万６６３４にもなる。

これを県別で見たとき、寺院が多いのはどこだろうか。

京都なら金閣寺、銀閣寺、東寺《とうじ》、南禅寺……、奈良なら東大寺、興福寺、唐招提寺《とうしょうだいじ》、法隆寺……など、有名な寺院がすぐに思い浮かぶ。

このように京都や奈良に有名な寺院が多いためか、その数でもほかの県を圧倒していると思い込んでいる人は多いだろう。

愛知県でもっとも人気のある寺院の一つ、真福寺寶生院《しんぷくじほうしょういん》（大須観音《おおすかんのん》）

ダントツで「愛知県」に多い

しかし寺院の数に限っていえば、**1位は愛知県**だ。

寺院の宗教団体数は愛知県が4532もある。2位は大阪府で3370である。統計は宗教団体数なので、寺院の数と同じではないが、数が多いことは間違いない。

愛知にこれほど寺院が多いとは、意外な気もする。

これについて、筑波大学名誉教授で、地名作家としても知られる谷川彰英《たにかわあきひで》氏は著者『名古屋　地名の由来を歩く』（ベストセラーズ刊）のなかで、次のような見解を述べている。

この地域は奈良時代や平安時代以前から栄えていたので、当時としては先進的な仏教を受け入れる素地があったことが理由の一つ。

また、都の寺院が権力者により統括されていたのに対して、都から離れていた愛知県では、小さな寺院が都の干渉《かんしょう》を受けずに残ったこと、さらに、尾張《おわり》徳川家が寺院を保護したことを挙げている。

ちなみに、京都は3051、奈良にいたっては1803しかない。

34 「リーゼント」はあの髪型のことではないと知ってた？

不良少年が「ツッパリ」と言われた時代に大ブームを巻き起こした作品が、きうちかずひろ作の漫画『ビー・バップ・ハイスクール』（１９８３〈昭和58〉～２００３〈平成15〉年連載）だ。ドラマ化や実写映画化もされた人気作品だ。

漫画や映画に登場する短ランや「リーゼント」に憧れた読者も、少なくないのではないだろうか。

また、リーゼントをトレードマークとしている芸能人や著名人は少なくない。

たしかに髪をかためて盛り上げ、前にせり出させた髪型はインパクト大。

その見た目からリーゼントといえば、この前髪の部分だと多くの人が誤解している。

リーゼントはイギリス生まれ

しかし、**せり出した前髪部分とボリュームのあるトップは「ポンパドール」**と呼ぶ。フランスのルイ15世の愛妾《あいしょう》・ポンパドゥール夫人が好んだヘアスタイルで、前髪を高く結い上げるのが特徴だ。

もともと、**「リーゼント」は、前髪を横分けにしてサイドヘアを後ろにすべて流してスッキリさせたスタイルのこと**だ。

本来は、大人の男性に好まれる上品なヘアスタイルとして流行した。リーゼントの名は、イギリス・ロンドンにあるリージェント・ストリートにちなんでいる。

日本にリーゼントが紹介されたのは、1933（昭和8）年のこと。雑誌『美髪』の口絵写真だったが、当時は流行らなかった。

注目されたのは1980年代前半（昭和55〜60年）。原宿の歩行者天国や代々木公園で踊っていた「ローラー族」のヘアスタイルとして認知度が高まったといわれる。

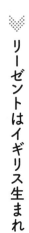

35 居酒屋は「気を利かせて」ビールの栓を抜くのではない!?

居酒屋で瓶ビールを注文すると、必ず栓を抜いて持ってきてくれる。

わざわざ栓を抜いた瓶ビールを提供してくれるとは、日本人らしい細やかな心配りだと感心しているかもしれない。

しかし、じつはこれは**気づかいやサービスではない**。これには、そうしなければならない大人の事情があったのだ。

飲食店を営業するには、「飲食店営業許可」が必要になる。

この許可があれば、お客に店内で飲んでもらう場合に限って、酒類を提供することができる。

栓を抜いて出さないと罪に問われる

ところが、店内で出した酒をお客がその場で飲まずに、持ち帰ってしまったら、店はお客に酒類を販売したとみなされてしまうのだ。

酒類を販売するとなると、酒税法が絡《から》んでくる。また、「一般酒類小売業免許」の取得が必要になる。

もちろん、店側が免許を取得していれば問題ないが、ふつうは飲食店を経営しながら、酒店のように酒類の販売もしようとは考えないので、免許は取得していないだろう。

ということで、万が一にも**お客が酒類を持ち帰ることがないように、栓を抜いて提供している**というわけだ。

つまり、ビール瓶の栓を抜くのは、酒税法違反にならないためのリスク回避だったのである。

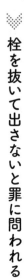

36 バレンタインデーは「チョコを贈る日」ではなかった!?

2月14日のバレンタインデーといえば、女性が男性にチョコレートを贈ることで、愛を告白する日。いわば日本の真冬の風物詩ともなっている。

もっとも最近では、同性同士でチョコレートを贈る「友チョコ」や、自分へのご褒美《ほうび》として高級チョコレートを買い求めることも珍しくない。

今ではすっかり下火になったが、社交辞令として義理であげる「義理チョコ」なるものもあった。

そもそもなぜ、この日にチョコレートを贈ることになったのか。

じつは、2月14日という日は、**「愛の告白」とも「チョコレート」とも、もともとはまったく関係ない。**

チョコレート会社に洗脳されていた!?

この日は、**聖人バレンタインが殉教《じゅんきょう》した日**である。

3世紀頃、時のローマ皇帝グラディウス2世は、戦地へ行きたがらない兵士を出兵させるために兵士の結婚を禁じていた。しかし、司祭のバレンタイン（ヴァレンティヌス）は若者が気の毒だと、秘密裏に結婚式を執《と》り行なっていたという。

このことが皇帝の耳に入るや、バレンタインは処刑されてしまう。この殉教したバレンタインを偲《しの》ぶ日となったのが2月14日である。

愛の聖人バレンタインにちなみ、大切な人を思い、女性から男性へとは限らず、男性から女性へ、あるいは同性同士でも贈り物をする習慣が生まれた。贈り物もチョコレートに限らなかったようだ。日本で現在のようなバレンタイデーの習慣が生まれたのは、チョコレートメーカーの販売戦略によるところが大きい。早くは1965（昭和35）年に森永製菓がバレンタインデーに合わせてチョコレートの販促広告を新聞に打つなどして気運を盛り上げ、徐々に現在のように盛況となったものだ。

37 スーツの左襟の穴は「社章」をつけるためではない？

ラフな格好でも容認されるようになってきたとはいえ、スーツ着用のビジネスパーソンはまだまだ多い。

ところで、男性用スーツには、左襟《えり》に小さな穴があいていて、ここに社章をつけている人をよく見かける。あるいは、弁護士や議員なら、その身分を示すバッジをつけていることも。

最近ではＩＤカードを首にかけている場合が多いとはいえ、社章をつけることを求める会社も少なくない。

しかし、**左襟の小さな穴は、本来、社章やバッジをつけるためにあいているものではない。**

海外ではもっとオシャレに活用されている

スーツの原型は軍服である。

軍服は詰襟で、何かと窮屈《きゅうくつ》だった。規律を重んじる軍人であっても、休憩のときなどは襟を緩めたくなる。

そんなとき、第一ボタンを外して、襟を三角形に折るのがつねだった。襟を三角形に折ったとき、第一ボタンを留める穴が、現在のスーツに受け継がれた。つまり、左襟の小さな穴は**たんなる名残であり、なんの機能性も持ち合わせていない**のだ。

実際、社章をつけるのは日本だけ。海外ではそのような使い方は、ほとんどしない。海外で左襟の穴を利用するのは花を挿すとき。かつてのヨーロッパではフォーマルな場では男性が胸に花を挿すのが礼儀だった。そこで胸元を花で飾るために使用したのが、あの小さな穴だった。そのため、あの穴は「フラワーホール」とも呼ばれている。

38 「茶柱が立つと縁起がいい」はウソ!?

昔からの言い伝えに、「茶柱が立つと、いいことがある」というのがある。「茶柱が立つ」とは、緑茶を淹《い》れたとき、茶の茎《くき》が湯呑みのお茶のなかで垂直に立つこと。その様子がまるで柱が立っているように見えることから、こう表現される。

茶の茎部分が垂直に立つことは非常に珍しいため、「茶柱が立つのは稀なこと↓吉兆《きっちょう》」と信じられてきた。

近年はペットボトル入りのお茶やティーバッグが普及し、急須《きゅうす》でお茶を淹れる機会も減っているが、「茶柱が立つと、いいことがある」と、年配者などから聞いたことがある人は多いかもしれない。

もともとは「売れ残り品対策」だった

じつは、茶柱は昔の人が「縁起がいいもの」として伝えた話ではなく、**茶商人が仕掛けた売り文句**がはじまりだった。

新茶などの上等の茶葉には茎は入っておらず、茎や不純物が入っている番茶などの下等の茶葉はいつも売れ残っていた。困った商人は、人気がいま一つのお茶を売り切る方法はないかと考えた。

そこで思いついたのが、「茶柱が立つと、いいことがある」という売り文句である。

古来、柱が立つ（家が建つ）ことは縁起がいいとされてきた。こうしたイメージと重なって、茶商人が触れ回った「茶柱＝吉兆」説は、さも昔から伝えられてきたかのように人々に浸透したようだ。

不人気だった茎や不純物入りのお茶のイメージを180度変えた、巧妙なイメージ戦略だったのである。

39 薄口しょうゆは「濃口しょうゆ」よりしょっぱい!?

しょうゆには、大きく分けて薄口《うすくち》と濃口《こいくち》がある。おもに関西では薄口しょうゆが、関東では濃口しょうゆが好まれる。

見るからに濃口しょうゆのほうがしょっぱそうだ。「濃口」という名前からしても、濃厚なイメージがある。

ところが、名前の由来は、**味ではなく見た目の違い**である。濃口しょうゆは色が濃いことから、薄口しょうゆは色が薄いことから、そう呼ばれている。

色の違いが生まれたのは、醸造《じょうぞう》過程の違いである。薄口しょうゆは、醸造の途中で発酵《はっこう》をあえてとめることで、薄い色を保つ。

薄口しょうゆの塩分濃度が高いワケ

なぜ、薄い色のしょうゆを作ったかというと、しょうゆの色移りを防ぎ、食材や出汁《だし》の色をいかすため。料理の見栄えを重視する関西で考案された。

だが薄口しょうゆは、発酵を途中でやめているので変質しやすいという欠点がある。その変質を防ぐために塩が多く必要になるのだ。

つまり、**薄口しょうゆのほうが塩分濃度は高い**のである。濃口しょうゆの塩分濃度が16パーセントなのに対し、薄口しょうゆは18パーセントである。

「濃口」と「薄口」という響きで、濃口しょうゆのほうが塩分が多いと思い込んでいる人も多いのではないだろうか。

塩分を気にして薄口しょうゆを使ってきたという人は、改めたほうがいいだろう。

40 時計の文字盤では、Ⅰ、Ⅱ、Ⅲ……「Ⅲ」!?

スマートフォンの普及で腕時計を持たない人や、デジタル表示時計を愛用する人が増えてきたが、針が時を刻むアナログ時計には特有の味わいがある。

文字盤には、1、2、3……のアラビア数字が使われているものと、Ⅰ、Ⅱ、Ⅲ……とローマ数字が使われるものがある。

さて、ローマ数字が使われている時計をよく見てほしい。その時計の文字盤は、Ⅰ、Ⅱ、Ⅲ、Ⅳ……と記されているだろうか。

よく見ると、3は「Ⅲ」、5は「Ⅴ」でも、**4は「Ⅲ」**になっている時計が少なくないのだ。

札幌市にある時計台。「旧札幌農学校演武場」
文字盤にはⅠ、Ⅱ、Ⅲ、「ⅡⅡ」の数字が……

「Ⅳ」が採用されないワケ

ローマ数字は、ⅠにⅠを足してⅡを表わし、ⅡにさらにⅠを足すとⅢとなるように、線を増やしていく。

とはいえ、ずっと足し続けるととんでもない幅になるため、４は５を表わすⅤからⅠを引くという意味で、Ⅴの左側にⅠをつけてⅣ。６は、５を表わすⅤにⅠを足すという意味で、Ⅴの右側にⅠをつけてⅥとなる。

つまり、４を表わす「ⅡⅡ」は、正しいローマ数字ではない。

時計盤の４だけに不思議な数字が使われ

ている理由には諸説ある（もちろん、「Ⅳ」を使っている時計もある）。

有名なのは、フランスのシャルル5世が、Ⅳの成り立ちを知って、**自分の称号である5から1を引くのはけしからん**ということで、無理やりⅢに変えさせたというもの。

また、ⅣとⅥでは、どちらが4か6かで混乱する人も多いので、あえてⅢという表記にしたという説もある。

41 京都の三十三間堂の長さは「六十六間」

京都にある日本一長い木造建造物である妙法院蓮華王院《みょうほういんれんげおういん》本堂は、「三十三間堂《さんじゅうさんげんどう》」の名で知られる。

本尊の十一面千手観音をはじめ1001軀《く》の千体千手観音、二十八部衆などすべて国宝の仏像がズラリと並んでおり、その光景は壮観だ。

三十三間堂は、後白河《ごしらかわ》上皇の命により1164（長寛《ちょうかん》2）年に創建されたが焼失、現在の建物は鎌倉時代に再建されたものだ。

ところで、三十三間堂という名称は、横に長く伸びるお堂だけに、その名の通り長さが33間あるからと思っている人がほとんどだろう。

たしかに昔は「間」という長さの単位があったことも、そう思い込んでしまう一因だろう。

では実際に、三十三間堂の長さは33間なのだろうか。

33間をメートルに換算してみると、1間は約1・82メートルなので、およそ60メートルになる。しかし、実際の三十三間堂の長さはその倍の120メートルもある。

つまり、**長さを由来とするなら「六十六間堂」**になるはずだ。

「間」には長さ以外の意味もあった！

種明かしをすると「間」とは、長さの単位ではなく柱と柱の間という意味。**三十三間堂とは、柱と柱の間が33あるお堂、という意味**だ。

三十三間堂の中央に安置された十一面千手観音は、33種類の姿に化身《けしん》して人々を救ってくれると信じられている。

観音さまの化身が33ということから、柱と柱の間を33にしたともいわれている。33という数字には隠された意味があったのだ。

42 「仏滅」は結婚式や開業にぴったりの日？

気にしない人が多くなったとはいえ、おめでたい日には暦の吉凶が気になるもの。今も結婚式や新規開店日は「大安」の日が好まれる。大安の日が難しくても、「仏滅」の日だけは避けようとする人は多いはず。

仏滅という字を見て、なんとも縁起が悪いと思ってしまうのは、日本人ならではの感覚かもしれない。

仏滅は、「六曜《ろくよう》」という中国の暦注《れきちゅう》（暦に記される吉凶や運勢などの事項）の一つ。一日の時間を6等分に区切り、それぞれ先勝《せんしょう》（「せんかち」とも）、友引、先負《せんぷ》（「せんまけ」とも）、仏滅、大安、赤口《しゃっこう》（「しゃっく」とも）としたもの。室町時代に日本に伝わったが、当初は時間帯の吉凶を占う指標のようなものだった。それが今日では、その日ごとの吉凶を示す形に変化した。

文字通りの意味ではなかった！

仏滅の字は、もともとは「物滅」と書いていた。

物が滅する（終わる）日という意味。見方を変えれば、すべての物事がゼロになるということで、**何かをはじめる、あるいは再スタートするには、むしろ向いている日**だった。

それが、なぜか日本では縁起の悪い日と捉えられるようになった。

物滅が仏滅と書かれるようになったことで、仏教が浸透している日本では、悪いイメージができあがってしまったのである。

ちなみに、中国が発祥とされる六曜であるが、現代の中国ではまったく使われていない。

43 ケンタッキーの〝あの人形〟はアメリカにはいない!?

ケンタッキー・フライド・チキンのお店の前に立っているカーネル・サンダース人形。

ご存じのように人形のモデルは、創業者のカーネル・サンダースだ。白髪に白いヒゲ、メガネをかけて白いスーツを着てステッキを持っている。まさにケンタッキーの顔といえる存在だ。

企業のシンボルともいえるカーネル・サンダース人形だから、アメリカで生まれたと思っている人が多いのではないだろうか。

しかし意外なことに、あの**サンダース人形は日本生まれ**だ。厳密にいうなら、たしかにアメリカでサンダース人形が使用されたこともあったが、まったくウケずお蔵入りに。その後、その人形をモデルに日本で作り、店頭に置いてみると、意外にも大人気となり、ケンタッキー・フライド・チキンの名を全国に広める大きな力となった経緯がある。

サンダース人形は「日本生まれの日本育ち」

ケンタッキー・フライド・チキンが日本で販売されるようになったのは1970(昭和45)年11月。

当時はまだ、アメリカ風のフライドチキンを知る日本人はほとんどいなかった。そのため、日本支社のアメリカ人役員が、アメリカの倉庫で眠っていたサンダース人形を見て、人形を店頭に置いて広告塔にすることを思いついた。

その効果は絶大で、またたく間にケンタッキー・フライド・チキンは人気店となったのである。

今でも、**アメリカの店頭でサンダース人形は、ほとんど見かけない**。また、韓国や台湾などの一部の店舗で見かけることはあるが、それもすべて日本製である。

44 キユーピーちゃん人形は「女の子」ではなかった！

マヨネーズやドレッシングが有名な食品メーカー・キユーピーのキャラクターといえば、誰でも知っているキユーピー人形だ。二頭身半の裸の子どもで、目がぱっちり、おなかもふっくらしていて、なんとも愛らしい。

キユーピーがたらこのパスタソースを発売した際には、マスコットキャラクターとして「たらこキユーピー」が誕生。ＣＭソングやダンスが大きな話題になるなど、国民的な人気がある存在だ。

ところで、キユーピーちゃんは男の子か女の子か――。

その名前や姿かたちから、女の子だと思い込んでいる人も多いのではないだろうか。

男の子でもなかった！

メーカーのキユーピーが採用しているキャラクターのキユーピー人形は、アメリカのイラストレーターのローズ・オニール氏が１９００～１９０５年頃に描いた「ＫＥＷＰＩＥ」がオリジナルである。

ローズ氏は、このイラストは、ローマ神話のキューピッド（ギリシャ神話のエロースと同一視される）から着想を得たと語っている。

ギリシャ神話のエロースは、愛と美の女神アプロディーテーの息子。つまり、男の子となる。

しかしながら、キユーピーによると、キユーピー人形は**そもそも人間ではなく、純粋にキユーピーちゃんというキャラクター**なので、性別はないとのこと。

男女の区別なく、みんなから愛される存在、それがキユーピー人形なのだ。

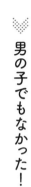

45

「絹ごし豆腐」は本当に絹でこしている？

「木綿《もめん》豆腐」は型崩れしにくく、大豆の味がしっかりと残る。

一方、「絹ごし豆腐」は口当たりがよく、なめらかだ。

みそ汁や麻婆豆腐なら木綿豆腐、冷や奴なら絹ごし豆腐というように、料理によって使い分ける人も多い。また、「私は木綿派」など、どちらかお気に入りの豆腐が決まっている人もいるだろう。

木綿豆腐は、豆乳に凝固剤の「にがり」を入れて固めたものを、いったんボロボロに崩し、それを木綿布が敷いてある穴のあいた木枠に入れ、上から重しをのせて圧力をかけて作る。

こうすることで余分な水分を押し出し、適度な硬さになり旨味が凝縮される。木綿の布を使ってこしているから木綿豆腐という名がついているわけだ。

そもそも、こしてさえいなかった!

ならば絹ごし豆腐は、絹を使ってこしているからその名がついたと思っている人も多いはず。たしかに絹でこすことで、あのなめらかさが出ていると考えれば納得だ。

しかし、それは勘違いである。

絹ごし豆腐の製法は、その名に反して、絹を使っていないばかりか、**そもそも「こす」という工程さえない**。濃いめの豆乳ににがりを加えて型に流し込むだけである。

じつは、「絹ごし」の名は、絹のようななめらかな口当たりにちなんだもの。木綿豆腐は製法から、絹ごし豆腐は口当たりからと、命名の由来が違うため、勘違いを生んでいるといえる。

46 『君が代』は「こけのむすまで」で終わらない

誰もが知る『君が代』。その歌詩の歴史は古い。

10世紀初頭、醍醐《だいご》天皇の詔《みことのり》により撰集された最初の勅撰《ちょくせん》和歌集である『古今《こきん》和歌集』の和歌「我君は　ちよにやちよに　さざれいしの　巌《いわお》と成《なり》て　苔《こけ》のむすまで」（詠み人知らず）が元歌とされる。

その後、変遷を経て、現在の歌詞になった。

式典やスポーツの国際大会では必ず流れるので、ほとんどの人が歌えるはずだ。

「君が代は　千代《ちよ》に八千代《やちよ》に　さざれ石の　いわおとなりて　こけのむすまで」

その厳《おごそ》かな曲調と歌詞に日本らしさが出ている（世界一文字数が少ない国歌としても有名）。

まだまだ続きがある。2番もある

『君が代』の歌詞は、「こけのむすまで」で終わりだと思っている人がほとんどのはず。歌うのはここまでだし、曲調からしてもここで終わっても違和感がない。

ところが、1881（明治14）年発行の文部省音楽取調掛《とりしらべがかり》編の『小学唱歌集』初編には、続きが載っている。そこには、「こけのむすまで」のあとに、**「うごきなく常盤《ときわ》かきはに　かぎりもあらじ」と続いている**のだ。

1897（明治30）年頃から、現在のように「こけのむすまで」で終わるようになったらしい。その理由については、はっきりしない。

現在の『君が代』が曲の途中までだったことにも驚かされるが、さらに驚くことがある。それは『君が代』に2番があることだ。

2番の歌詞は、「君が代は　千尋《ちひろ》の底の　さざれいしの　鵜《う》のゐる磯と　あらはるまで　かぎりなき　みよの栄《さかえ》を　ほぎたてまつる」である。

47 山手線は「ぐるりと一周していない」って本当⁉

「山手線《やまのてせん》」は、首都東京の交通インフラの中心ともいうべき存在である。都心をぐるりと一周し、その距離は34・5キロメートルになる。一周に要する時間は約1時間だ。

山手線では内回り、外回りという表示を見かけるが、時計回りに進むのが外回り、反時計回りに進むのが内回りである。

東京を訪れたことがない人でも、その名前ぐらいは知っている。山手線の〝内側〟や沿線には官公庁やビジネス街、繁華街が集中しており、その沿線に住みたいと憧れる人も少なくない。

ところで、この都心をぐるりと一周する環状線全体が「山手線」という名称だと思

3つの路線からなる環状線

っている人はいないだろうか。

一周どころか「半周」しかしていない

ＪＲの路線名称としては、山手線の名称が使われているのは、品川から渋谷、新宿、池袋を経由して田端までの区間で、20・6キロメートルの線区である。

地図上で見ると、**だいたい左側半分で、東京の「山の手」地域に当たる。**

では、ほかの区間の名称はどうなっているのだろうか。田端から上野、東京までの7・1キロメートルは東北本線、東京から新橋、浜松町を経由して品川までの6・8キロメートルは東海道本線である。

なぜ一つの環状線でありながら、このように路線名が3つに分かれてしまったのか。

それは、山手線の当初の計画では環状線にする予定はなかったから。時代とともに延伸するにつれ、山の手地域以外ともつながるほうが利便性がよく、各路線をつなげた結果、現在のような環状線になったのだ。

48 ハロウィンの「カボチャのお化け」は、カボチャではなかった!?

日本でもハロウィンの時期ともなると、仮装した若者が外にくり出し、街中にはカボチャのお化けのイラストを見かけるようになる。すっかり定着した風物詩だが、その起源は古く、紀元前5世紀頃にアイルランドに住んでいた古代ケルト民族の「サムハイン祭り」からはじまったといわれている。

彼らの間では、その年に死んだ者たちが、あの世に行くまいとして人や生き物にとり憑《つ》こうとしてさまようと考えられていた。

そこで人々は、自らが怪物や魔女に変装して、死者たちを怖がらせ、近寄らせないようにした。**当時は子どもの祭りではなく、大人たちが真面目に行なう宗教行事だったのだ。**

死んだ者たちがさまようために手にしていたとされるのが、「ジャック・オー・ランタン（お化け提灯《ちょうちん》）」で、今やハロウィンのシンボル的存在のカボチャのお化けである。ハロウィンに欠かせないアイテムの一つだが、もともとはカボチャでなかったことをご存じだろうか。

「カブ」の代替品として使われたのがきっかけ

ジャック・オー・ランタンには、次のような伝承がある。

大酒飲みのジャックという男が死んだのだが、多くの悪行を重ねていたために彼の魂は天国へは行けなかった。一方で、地獄へ送ろうとした悪魔を巧みにだますことに成功し、地獄行きも免れていた。どこにも行けない彼は、カブをくり抜いた提灯を手にし、この世をさまよい歩いたという――。

この伝承からもわかるように、当初、ジャック・オー・ランタンは**カボチャではなくカブだった**のだ。事実、今もアイルランド地方では、カブが用いられている。

ジャック・オー・ランタンが、カブではなくカボチャで作られるようになったのは、アイルランドの人々の一部が故国を離れてアメリカに移住したとき。彼らが自民族の習慣をアメリカに広めたのがきっかけだった。

移住先のアメリカで、いざジャック・オー・ランタンを作ろうとしたところ、肝心のカブが見当たらない。というのも、当時、アメリカでは、ほとんどカブは栽培されていなかったのだ。

そこで、たくさんあった大きなカボチャを使って提灯を作ることにした。代用品として使ってみると、カボチャのほうが大きくて色鮮やかで、見映えもするではないか。

こうして、代用品で作られたカボチャのお化けのほうが広まったのである。

4章

ショートケーキの意味は「食用油脂《ショートニング》ケーキ」？

――言葉に関する勘違い

49 「♂」と「♀」は性器を表わしているように見えるだけ？

男性を表わす「♂」と女性を表わす「♀」のマークは、デザインがシンプルでわかりやすい。

なぜなら、男女の性器をシンボル化したもののように思われるからだ。

男性と女性の違いを如実《にょじつ》に表現しているため、混同する心配はないが、一方でややストレートすぎる印象もある。

……しかし、それはまったくの誤解である。

二つのマークは、もともと西洋占星術で使われていたもの。**♂は火星、♀は金星を表わす**マークだった。

♂は「槍と盾」を、♀は「手鏡」を表わしている

占星術では、惑星を記号で表わしていたが、その惑星にはローマ神話の神々の名がつけられていた。

火星は戦いの神マルス（ギリシャ神話ではアレス）、金星は美と愛の女神ビーナス（ギリシャ神話ではアプロディーテー）だ。

火星を示す記号は、マルスにちなんで槍《やり》と盾《たて》を図案化して♂となった。金星を示す記号は、いつも身だしなみを気にする女神の手鏡がモチーフとなって♀となっている。

火星と金星のマークが男性と女性を表わすようになったのは、意外と古く１７００年代。

「植物分類学の父」と呼ばれた**スウェーデンの植物学者リンネが、著書『植物の種』のなかで、雄株《おかぶ》と雌株《めかぶ》を表わす記号として使った**からだといわれている。

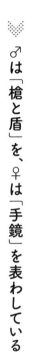

50 「失笑」には軽蔑するニュアンスは含まれていない？

彼はおろかな発言をして、周囲から失笑を買った――。

文字通り「笑いを失う」、笑えないほどあきれ返ってしまったという意味で使ったのか、もしくは、あざ笑う、冷笑の意味で使ったともとれる。そこには相手を軽蔑《けいべつ》しているニュアンスも含まれている。

周囲から軽蔑されるような言動は慎《つつし》みたいものだが、果たして「失笑」の意味は、「おろかな言動によって笑われること」を指すのだろうか。

文化庁が行なっている「国語に関する世論調査」によると、「失笑する」の意味を、約6割の人が「笑いも出ないくらいあきれる様子」と回答している。

たしかに、ふだんの会話のなかで、このようなニュアンスで使っているケースをよく耳にする。

正しくは「思わず笑ってしまう」という意味

しかし、「失笑」の本来の意味は、笑ってはいけない場面で、**こらえきれずに思わず吹き出してしまうこと**だ。その笑いに蔑《さげす》みのニュアンスはなく、たんにおかしくて思わず笑ったのである。

「失」という漢字が使われているために、笑いも失うほどあきれてしまう、という勘違いが生まれたのかもしれない。

ここで使われている「失」は失うという意味ではなく、思わず出てしまうといった意味。「失言」「失火」のように、本来出てきてはいけないものが、思わず出てきてしまったという意味である。

たとえば、厳粛な式典中に、壇上で真剣に話している人がツボにはまるような言い間違いをしたために思わず笑ってしまった、というような笑いは「失笑」といえる。

51 童謡『どんぐりころころ』 どんぐりこ？ どんぶりこ？

童謡『どんぐりころころ』は、幼少期、誰もが歌ったことがあるはず。どんぐりがころころと転がっている情景が、なんともかわいらしい。
幼い頃を思い出して、『どんぐりころころ』を歌ってみてほしい。

「どんぐり　ころころ　どんぐりこ」

と歌っていないだろうか。
しかし、「ころころ」に続く「どんぐりこ」は誤り。ころころと転がる、かわいらしい小さいどんぐりの様子を歌ったものと思っていたかもしれないが、正しい歌詞は

「どんぐり　ころころ　どんぶりこ」である。

なぜ「どんぐりこ」になった？

「どんぶりこ」は、**どんぐりが池に落ちたときの音**を表現している。

ニュアンスをカタカナ表記するなら「どんぐり　コロコロ　ドンブリコ」となるだろうか。「コロコロ」は擬態語《ぎたいご》（実際の音とは関係なくその状態を表わす言葉）で、「ドンブリコ」は擬音語（音を聞こえた通りに表わす言葉）である。

なぜ、多くの人が「どんぐりこ」だと勘違いしているのか。

これについて、教科教育学の研究者である野々村千恵子氏は、『岐阜聖徳学園大学短期大学部紀要』のなかで、

・「どんぐり」と「ドンブリ」という音が似ていること
・擬態語や擬音語をカタカナ表記するという原則が崩れていること
・音楽の教科書の挿絵にどんぐりのイラストが載っていること

などを挙げている。

52 メールの「Re:」は「Reply」と無関係ってホント？

もらったメールに返信するとき、自動的に件名の前に「Re」の文字がつく。

送られてきたメールをチェックする際にも、件名の前に「Re」の文字があれば、自分が送ったメールについての返信だとすぐにわかって便利な機能である。

この「Re」は、「返信（reply）」あるいは「応答（response）」の頭文字を略したものだと多くの人が思っているはず。

たしかに「Re」についての説明で、「英語のreply, responseの略字」と記したマニュアルや入門書もある。機能から考えても、返信時につくマークなので、その意味でも違和感がない。

しかし、「Re」と「reply」「response」はまったく関係がない。

ラテン語に「res」という言葉がある

正しくは、英文のビジネスレターで使われていた「～の件」という意味。もともとラテン語の「res（事、物）」からきている。このビジネス上の習慣がメールにも反映されたというのが、有力な説の一つだ。

本来、ビジネスメールとしては、相手から受け取った件名は変えずにそのまま返信するのが正しい。

けれども最近では、「Re」のあとの件名をあえて書き直して送る人も増えている。たとえば、件名が「書類提出の締め切り日」というメールで、締め切り日を尋ねた内容に対して、件名を「Re：○月×日までです」と変えるような形だ。

これはこれでわかりやすいが、本来の使い方からすると、「Re：書類提出の締め切り日」のままでいい。

53

「マジ」は現代の若者が使いはじめた言葉ではない？

仕事の打ち合わせ中、「マジですか？」と返してくる新入社員。お偉方に対しても「部長、マジすごいっすね」などと言っている部下を見て、思わず肝を冷やした経験はないだろうか。

「おいおい、仕事でそんな言い方はないだろう」と腹を立てながらも、「まあ、自分も若い頃はついつい使っていたかも」などと、懐かしくもあったり……。

「マジ」は、「真面目」「本気」「真剣」といった意味から派生した言葉。おもに若者世代に用いられる言葉で、年配の人なら眉をひそめるかもしれないが、今やすっかり定着した感がある。

江戸時代からある「由緒正しい言葉」

　しかし、じつは**「マジ」はすでに江戸時代から使われていた。**

　1781（天明元）年刊行の洒落本《しゃれぼん》『にやんの事だ』に「気の毒そふなかほ付にてまじ・・になり」と記されている。

　洒落本とは、遊女と客の会話や行動を描いたもの。タイトルの『にやんの事だ』も、今日でもありそうなウイットに富んだタイトルだ。

　江戸時代の「まじ」も今と同じく「真面目」「本気」「真剣」といった意味。ただ現代では、もう少し幅広い意味も含まれているようだ。

　前述の「マジですか?」は「本当ですか?（信じられない）」といった感嘆や驚嘆の意が強くなるし、「マジでやばい」となる場合は、「相当マズい」といった意味を含んでいて、江戸時代よりは多義的だ。

　使われ方が広がったとはいえ、「マジ」という言葉自体は、けっこう年季が入った言葉だったのだ。

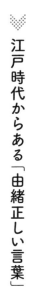

54

「仏の顔も三度まで」——3回目はセーフ？

取引先に、3回目となる無理なお願いをしたとき、「この前も、その前もですよね。仏の顔も三度までですよ」と釘を刺されながらも、なんとかこちらのお願いを聞いてもらった……。

誰もが一度は言ったり、言われたりしたことがある「仏の顔も三度まで」ということわざ。

慈悲深い仏さまであっても、「許してくれるのは3回まで」「さすがに4回目はない」という戒《いまし》めの意味で使っているかもしれない。

しかし、3回までは許してもらえると思っているなら、それは甘い。

さすがの仏さまも、2回までは許してくれるが、**3回目は許されないというのが本**

来の意味だ。

「回数」は問題ではない!?

「仏の顔も三度まで」のルーツは「仏の顔も三度撫《な》ずれば腹立つ」にある。人の顔をむやみやたらに撫でるのは失礼な行為。

とはいえ、そんな失礼なことをされても仏さまは慈悲深いので、一回や二回では怒らない。

しかし、いくら慈悲のある仏さまでも、3回も失礼なことをされては、さすがに怒るというわけだ。

3回目まではセーフなのか、3回目はアウトなのかは、大きな違いだが、そもそも1回、2回、3回と**具体的な回数を問題にしているわけではない。**

「三度」は、「たびたび」「頻繁《ひんぱん》に」といった意味であり、失礼を繰り返してはいけない、ということなのだ。

55 「@」と「at」はまったく別物だった？

メールアドレスで使用する「@」は、前半の個人を示す部分と、後半のドメイン名を区切るときに使う。

日本では「アットマーク」と呼んでいることからも、英語の「at」にちなんだものだと思える。

たしかに「at」には、場所や所属を示す意味があるから、ネット上の住所ともいうべきメールアドレスにはぴったりの記号である。

しかし、**@は英語の「at」にちなんだ記号ではなく**、ラテン語で単位や単価を表わす記号という説もある。由来は、古代ギリシャやローマで使われていた素焼きの持ち手つきの壺「amphora《アンフォラ》」から。

当時は、水やワイン、油などを取り引きするとき、この壺に入れて運搬していたため、いつしか壺が単位や単価として使われるようになった。

今でも、請求書などで単価を表示するときに、「@800円」などと記すことがあるだろう。

メールアドレスで使われるようになったワケ

ラテン語の単位や単価の記号が、なぜメールアドレスに使われるようになったのか。

採用したのはアメリカのボルト・ベラネク・アンド・ニューマン社（現BBNテクノロジーズ）のレイ・トムリンソンという人物。

トムリンソンは1970年代、電子メールの前身となるプログラムの開発をしていた。このとき、個人部分とドメイン部分を分ける必要性に気づいた。

区分するための記号を探したが、アルファベットや数字では、その前後と混同してしまう。そこで、**ふだんあまり使われない@が最適**だと考えたのだ。

ただ、やはり英語の「at」に由来する、という説も根強い。

56

ショートケーキは「短い《short》ケーキ」ではない？

「ケーキといえばどんなケーキを思い浮かべる？」と聞かれたら、たいていの日本人は、ふわふわのスポンジケーキとクリームが層をなし、たっぷりの生クリームの上にイチゴがトッピングされた、あのかわいいケーキと答えるだろう。——そう、「ショートケーキ」だ。

ショートケーキは、長年、日本ケーキ界の人気ナンバー・ワンを誇ってきたが、ここで少し落ち着いて考えてみれば、ショートケーキの「ショート」っていったい何？という疑問が浮かんでくる。

ショート、short……短い、小さい……ということは、小分けにされる前の丸く大きな「ホールケーキ」と区別するためにつけられた名前——と考えたくなるが、それは違う。

「ショートニング」（食用加工油脂）のこと

ショートケーキの語源に関しては諸説あるが、有力視されているのが**「ショートニングを使ってケーキを作ったから」**というもの。

「ショートニング（shortening）」とは、ラードの代用品として生まれた食用加工油脂で、クッキーやビスケットなどの粉に練り込むと、サクサク、ポロポロとしたテクスチャーを生む（short には、サクサクする、ポロポロするといった意味もあり、「ショートブレッド〈shortbread〉」は、

ショートニングを使わない「日本のショートケーキ」は、今や海外に〝逆輸出〟されるほど人気

まさにサクサクしたお菓子）。

　このショートニングを使ってサクサクさせたクッキーやビスケット生地に、生クリームやイチゴなどでデコレートしたケーキを、アメリカでは「ショートケーキ」（ショートニングを使用したケーキ）と呼んでいた。

　このアメリカのショートケーキに着想を得て、大正時代に日本版ショートケーキを考案したのが、不二家創業者の藤井《ふじい》林《りん》右《え》衛門《もん》だといわれている。

　日本版ショートケーキの最大の改良点は、サクサクの生地を日本人好みのふわふわのスポンジケーキに変えたことだ。そのため、**ショートニングを使用する必要はなくなったが、「ショートケーキ」の名称はそのままに……。**

　この不二家のケーキが原点となり、日本のショートケーキは「ショートニングは使用しないショートケーキ」として独自の進化発展を遂げ、今日の隆盛を築いたのである。今やこの日本生まれのショートケーキは、海外に〝逆輸出〟されるほどの人気だとか。

57 「御の字＝まあまあ」は大間違い！

「御《おん》の字」という言葉は、日常でもよく使っているだろう。

テストなら「70点取れれば御の字だ」、仕事上なら「売上成績でなんとかノルマを達成できれば御の字だ」という具合だ。

結果に大満足しているわけではないが、さりとて残念がるほどでもない。「それなりに納得できる程度」という意味で「御の字」を使っているかもしれない。

文化庁が行なっている「国語に関する世論調査」で、この「70点取れれば御の字だ」の例文を出して、「御の字」の意味を聞いたところ、「一応、納得できる」と回答した人が51パーセントだった。半数の人が「御の字」を「まあまあ納得する」意味と思い込んでいることになる。

「大いにありがたい」という意味

しかし、**本来の正しい意味は「大いにありがたい」**で、先の調査で、そう回答した人は38パーセントしかいなかった。

「御の字」は、もともと江戸時代の遊里《ゆうり》で使われていた言葉。

遊女たちが、自分のひいき客、とくに金に糸目もつけずに通ってくれる上客のことを「御の字」と呼んだ。

そこから「最上のもの」「大満足」といった意味になったのだ。ここで使っている「御」という文字は、相手への尊敬を表わしている。

冒頭の例なら、正しいニュアンスとしては「(あまり真面目に勉強しなかったので)70点取れれば大満足だ」ということになる。

58 「おあいそ」——客から言うのは失礼な話？

同業者間でしか通じない言葉が、業界用語である。

一般の人に悟られることなく仲間内だけでやり取りするためのものだが、逆にいうと、一般の人が業界用語を操れれば業界通を演出できる。

よく耳にするのがお寿司屋さんなどの飲食店で食事を終え、店の人に勘定を頼むときのひと言。

「おあいそお願いします」だろう。

「勘定してください」の意味で使っている。

ところが、本来の使い方からすると、**客が「おあいそ」というのは失礼**な話。

「おあいそ」とは「お愛想《あいそう》」のことで、相手に対する厚意や信頼を表わし、それに敬語や謙譲語、丁寧語をつくる接頭辞の「お」をつけた言葉だ。

これだけなら感じのいい言葉だが、じつはあとに続く言葉がある。「尽かす」である。「お愛想を尽かす」とは、愛想がなくなるという意味だ。

本来は「もう愛想が尽きた」という意味

もともと遊郭《ゆうかく》で、帰ろうとする客に対して、遊女が「(もう)お愛想ですか?」と引きとめるために使っていた。「もう帰ってしまうの? もう少し遊んでいってよ」という感じだろうか。

そこから転じて、閉店間際の店側が、愛想を尽かすような形になって申し訳ないが、勘定をしてもらえないかという意味で、客に「おあいそお願いします」と言うようになった。こうして勘定を促したのだ。

だから、客側からの「おあいそお願いします」は、**まるで「愛想が尽きたから勘定して」と店側に言っているような意味になりかねない**わけだ。

59 戒名は「亡くなってからつける」のでは遅い？

人が亡くなると、お坊さんにお布施《ふせ》をして、故人に戒名《かいみょう》をつけてもらう。

戒名は故人の生きた証《あかし》のようなもの。信心深くなくとも、ありがたく頂戴しているはず。

本来、お布施には相場というものはなく、お礼の気持ちで差し出すものだが、お布施の額によってどのような戒名をつけてもらえるか、相場が設定されているようだ。

そのランクは「院居士《いんこじ》」「院大姉《いんだいし》」が高く、「居士」「大姉」、次に「信士《しんじ》」「信女《しんにょ》」とされるのが一般的。

冒頭にも書いたように、戒名は人が亡くなってからいただく名前だと思い込んでいる人も多いだろう。

亡くなってからでは受戒できない

しかし本来、戒名とは「仏の弟子であることを示す名前」のことで、出家《しゅっけ》する際、受戒式で授かるもの――**亡くなってからでは受戒できない**ものなのだ。

にもかかわらず、今日では戒名がお葬式に欠かせないものになっている。

それは、仏の弟子としてあの世に旅立ったほうが、すんなりと浄土へたどり着けるだろうという、いわば思いやりから。遺族の気持ちをおもんぱかって、死者であっても授戒してあげているというわけだ。

当然だが、戒名は仏の弟子の名前なので、仏教徒以外につけることはない。

また、同じ仏教でも浄土真宗《じょうどしんしゅう》の教えでは、死者は阿弥陀如来《あみだにょらい》によって浄土へ導かれるとされるので、授戒することはない。そのため、戒名ではなく「法名《ほうみょう》」と呼んでいる。同様に、日蓮宗《にちれんしゅう》では「法号」になる。

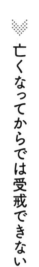

60

「パンドラの箱」は神話には出てこなかった

それはギリシャ神話に由来する。

――全能の神ゼウスから「絶対に開けてはいけない」と言われて渡された箱を、人類最初の女性パンドラは好奇心に負けて開いてしまう。すると、箱からは疫病や罪、悲しみといった災厄が飛び出してきた。こうして人間の世界には多くの災厄がはびこることになった。けれども、箱の底に一つだけ残ったのが希望だった――。

このことから、災いをまねくので触れてはいけないもの、立ち入ってはいけないものをたとえて「パンドラの箱」という言葉が、使われるようになった。

慣用句としても「パンドラの箱を開けてしまった」というような使い方をしているため、ギリシャ神話のなかでも、ゼウスがパンドラに手渡したのは〝箱〟だったと思っている人も多いだろう。

出てくるのは「パンドラの〝甕〟」

ところが、本来ゼウスが手渡したのは、**箱ではなく「甕《かめ》」（あるいは壺）**だった。もともとの神話では甕として描かれているが、時代が下るにつれて生活様式が変わり、いつしか「箱」にとって代わったようだ。

一説には、同じくギリシャ神話に登場するプシュケーの箱（人間の娘プシュケーが冥府《めいふ》の王妃から渡されたもの。こちらも開けてはいけないと言われたが、プシュケーは開けてしまい昏睡《こんすい》する）の話と混同したのではないかともいわれている。

パンドラの箱に唯一残った希望に関しては、二つの解釈がある。一つは、この希望があるからこそ、人間はあらゆる災厄に見舞われても希望を失わずに生きていけるというもの。もう一つは、希望があらゆる災厄とともに箱から飛び出さなかったために、人は災厄により絶望を味わうようになった、というものである。

61 あの枝分かれした交差点は「T字路」ではない!?

道路の交差点は、その形によって、それぞれ呼び方がある。
たとえば、縦と横の道路が交差していると「十字路」。「十」の字に似ているからだ。「Y」の字のように、道路が枝分かれしたような交差点は、その形から「Y（ワイ）字路」と呼ばれる。
同様に、左右に伸びる道路に縦の道路が交わり、縦の道路が突き当たっている場合は「T（ティー）字路」である。
交差点の形からしても「T字路」という呼び名はぴったりで、疑いの余地はなさそうだ。

「丁字路」があることを示す道路標識

正しくは「丁字路」

しかし、もともとティー字路という呼び名はない。

本来は**「丁《てい》字路」**である。

丁字路という呼び方がつけられたのは、T字路と同じく文字の形から。

まだ日本にアルファベットが浸透していない16世紀の文献にも丁字路という言葉が記されている。

ところが、もはやアルファベット表記が珍しくなった時代、「丁」という文字よりも「T」の文字のほうが身近になっていった。

文字の形もさることながら、音も「てい（丁）」と「ティー（T）」でとても似ていることもあり、次第に、丁とTが混同され、いつしかTのほうが使われるようになったのだ。

今日では、テレビやラジオで用いるときも、「丁字路」「T字路」のどちらを使ってもよいとされている。

62

「出発進行」は発車の合図ではない!?

電車の運転士は、「指差喚呼《しさかんこ》」（指差しをしながら声に出して信号や標識の確認をすること）を行なうことになっている。

万一、信号や標識を見落としてしまうと、大きな事故につながりかねないので、そうしたミスを防ぎ、つねに安全確認を自身に意識させる目的がある。

よく耳にする**「出発進行」**も指差喚呼の一つ。

運転士が前方を指差しながら「出発進行」と喚呼すれば、誰もが「いよいよ出発だ」と思うだろう。

しかし、この「出発進行」という指差喚呼は、発車の意味ではない。**信号機が「進行」表示になっていることを確認しているにすぎない**のだ。

発車の合図はシンプルに「発車」

信号機が「進行」表示なら、電車がこれから「発車」するのと同じ意味のようにも思えるが、厳密には違う。

信号機が「とまれ」表示なら電車が進むことはできないが、「進行」表示だからといって、無条件に出発できるわけではない。たとえば、信号機が「進行」表示になっていても、出発時刻前であれば電車を発車させることはない。

では、実際に電車を発車させるとき、運転士はどう喚呼するのか。

「発車」である。

また、発車時刻になり信号機も「進行」表示で発車条件が揃っていても、前の電車との距離が詰まっていれば、急接近しないように速度を制限して運転しなければならない。

こういう場合、運転士は**「出発減速」**と喚呼して発車させている。

63 大きいのに「二級河川」なのはなぜ？

川のほとりに立つ看板を見ると、「〇〇川　一級河川」「××川　二級河川」というように、川の名称のほかに等級が記されていることがある。

河川の等級には、「一級」「二級」だけではなく、二級の下には「準用河川」があり、これら3つのいずれにも分類されないものは「普通河川」とされる。

これらは、大きな川は一級、まあまあ大きな川は二級というように、川の大きさや幅、水量などによって分類されているように思える。

しかし、とても小さな川でも一級河川であったり、大きな川でも二級河川であったりする場合があることにお気づきだろうか。

「氾濫時の危険度」などで決まる

じつは、一級や二級といった等級は、川の大きさで決まるのではない。**「水系」によって決定している**のである。

上流から小さな川が合流したり、分かれたりしながら海や湖に注ぐ――これらすべてを含めたものが水系だ。

では、一級水系、二級水系の基準は何かというと、「国土保全上又は国民経済上特に重要な水系」と「河川法」に定められている。

国土保全上とは、洪水や高潮など災害の発生による被害の度合いであり、国民経済上とは、上水道、工業用水道、灌漑《かんがい》、発電などへの影響の程度のことだ。

このような基準で国土交通大臣が指定し国が管理するのが一級河川、都道府県知事が指定し都道府県が管理するのが二級河川である。

5章

クジラとイルカは「まったく同じ種」の生き物？

——自然・科学に関する勘違い

64 「赤とんぼ」という種のトンボは存在しない

「夕焼け小焼けの　あかとんぼ　負われて見たのは　いつの日か」

この歌を知らない人はいないだろう。夕方に飛んでいるトンボの情景を歌った『赤とんぼ』である。

保育園のお遊戯会で歌ったり、あるいは親が歌ってくれたりしたはずである。

誰もが知る童謡だけに、実際に「アカトンボ」という種がいて、夕方になるとよく飛んでいるのだろうと、想像してしまう。

しかし、じつは**「アカトンボ」という種はいない**。童謡の赤とんぼとは、赤色をしたトンボの総称にすぎない。

童謡『赤とんぼ』の正体は、成熟したオスの「ウスバキトンボ」？

正体は「ウスバキトンボ」？

では、どんなトンボが童謡の赤とんぼの候補に挙がるかというと、代表的な赤いトンボといえば**アキアカネ**がある。

しかし、この種は夕方にはあまり飛ばないので、歌われている情景と合わず、童謡の赤とんぼと一致しない。

次に候補となるのが**ウスバキトンボ**だ。この種のオスは成熟すると赤くなる。NHKの番組『ダーウィンが来た！』の制作裏話によると、成熟したウスバキトンボがいちばん捕獲されたのが、夕方の時間帯だったという。

となると、童謡『赤とんぼ』のトンボは、ウスバキトンボのオスだったのか……。

ほかには、頭から胴、腹の先までまっ赤な**ショウジョウトンボ**の可能性もある。

これは夏に見かける種で、夏の夕方なら飛んでいて不思議ではない。

幼い頃から耳になじみのあるトンボだけに、実際の種がなんなのか、気になるところである。

65 「トルコ石」の原産地はトルコではなかった

青みが強い青緑色の「トルコ石」は、古代のエジプト、インダス、中国の殷《いん》王朝でも珍重されていた。

トルコ石は英語で「ターコイズ（turquoise）」という。その語源は、フランス語の「ピエール・テュルクワーズ（pierre turquoise）」で、トルコの石という意味。

むろんトルコ石という名からして、産地はトルコ、と思い込んでいる人も多いだろう。しかし、じつは**トルコ石はトルコでは採れない**。

昔は採れていたが、採掘しすぎて今は採れなくなったというわけでもない。

そもそもトルコで、トルコ石は産出されないのだ。

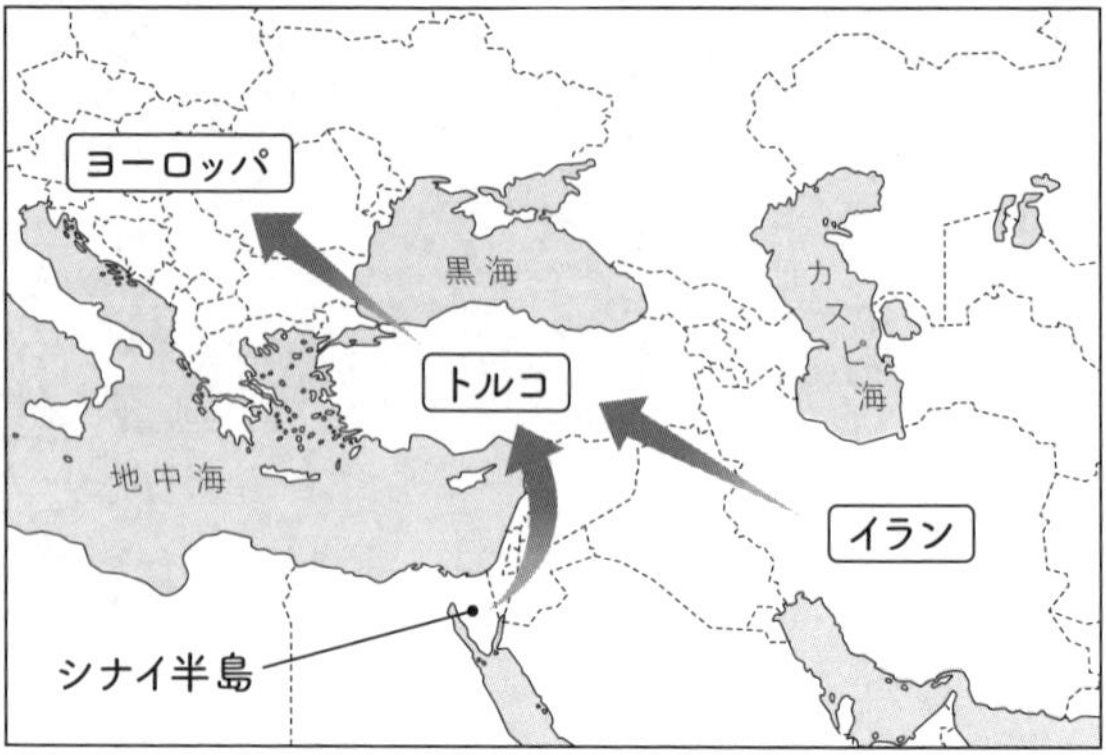

イランやシナイ半島で産出した宝石は、トルコを経由してヨーロッパへもたらされたため「トルコ石」と呼ばれた

原産地はイランやシナイ半島

トルコ石の産地はイランやシナイ半島が中心である。

では、なぜトルコ石という名がついたのかというと、かつての交易経路が要因。

西アジアで採掘された貴重な石は、トルコ経由でヨーロッパへともたらされた。

神秘的な青緑色のトルコ石は、たちまち人々を魅了し、「トルコから来た（貴重で神秘的な）石」と呼ばれるようになった。

やがてそれが「トルコ石」と、さもトルコが原産の石のような名になってしまったというわけだ。

66 自殺の名所「青木ヶ原樹海」では道に迷うほうが難しい!?

松本清張の小説『波の塔』で有名になった自殺の名所といえば、富士山麓《さんろく》に広がる青木ヶ原樹海である。

富士山から流れ出た溶岩の上に、鬱蒼《うっそう》とした原生林が広がり、昼でもうす暗い。

ここに入ると、溶岩が持つ磁性によって方位磁石が役に立たなくなるといわれる。

さらに森にさえぎられて太陽や富士山の位置がわからず、一度足を踏み入れると二度と出られなくなると噂されている。

しかし、**「青木ヶ原樹海に入ると、二度と出てこられない」というのは、まったくの都市伝説**である。

昼間でも薄暗い青木ヶ原樹海だが、携帯電話の電波は通じる

道路が通り、電波も通じる

なにしろ、今では**樹海のほぼ全域で電波が通じるので、携帯電話が使える。**

万が一、迷ったとしても、外部との連絡はつくし、ナビゲーション・アプリも使える。

また、鬱蒼とした森が延々と続いている印象があるが、広さは東西に8キロメートル、南北に6キロメートルくらい。

しかも、**樹海の真ん中やその周りには道も通っている。**

仮に迷ったとしても、まっすぐ歩けば、どんなにかかっても数時間で道路にたどり着くだろう。

よくいわれる方位磁石が狂うというのは事実だが、それはほんの一部のエリア。多くのエリアでは方位磁石も機能する。

自然を侮《あなど》るのは禁物だが、「二度と出られない」というのは、さすがにオーバーというもの。

松本清張の脚色があまりにも秀逸だったため、みんな本気でそう思ってしまったのかもしれない。

67 バナナは「バナナの木」にならないってホント？

総務省統計局の「家計調査」によると、2004年から2022年までの統計で、日本人がいちばん食べている（消費している）果物はバナナである。

バナナはビタミンやミネラル、食物繊維がバランスよく含まれているうえ、100グラム当たり（1本分に相当）93キロカロリー（「日本食品標準成分表2020年版」）と、思ったよりもカロリーが少なめなところも人気だ。

そのバナナがなるのは木、というイメージがある。

高さ1・5メートルから高いものでは10メートルになるものもある。

青々としたバナナの房がなっているあの姿を見て、誰もが木になっていると思うだろう。

しかし、これは勘違いである。

バナナの木は存在しない！　木に見えるのは「草」

バナナは植物学の分類では、ショウガ目バショウ科バショウ属の「草」である。たしかに**見た目は木に見えるが、実際は草**なので、バナナは果物ではなく野菜ということになる。

栽培されているバナナの多くは種なしだ。

土に根を張り、伸びていき、植えてから1年で実がなる。実を収穫したあとは、木に見える部分を切り倒すと、根元から新しい芽が出てくるのだ。

あの立派なバナナがなる植物の姿を見ると、どうしても草とは思えないが、切り倒した切り口を見てみるといい。

年輪が刻まれていないことがわかるだろう。つまり、木ではないのだ。

68 クマの前で「死んだふり」をしたら危ない!?

近年、増えているのがクマによる人への被害だ。

森が少なくなったことや、異常気象によるエサ不足などが原因で、住宅地でクマが目撃されたというニュースは、しばしば目にし耳にする。

あるいは、山菜やキノコ採りに出かけたら、クマと出くわしたということも。

万が一、クマに遭遇したら、死んだふりをするといいと、昔からいわれている。クマは動くものには反応するが、動かないものには無関心で見すごすというのがその理由らしい。また、クマは本来、臆病な性格なので、刺激せずに静止していればやりすごせるとも。

「大ケガを負わされる危険性」が大

しかし、これはどうもリスクの高い行動らしい。日本に生息するヒグマやツキノワグマは雑食なので、生き物だけを狙っているわけではない。動かないように死んだふりをしても意味がないのだ。**好奇心から爪でひっかいたり、噛みついたり**するかもしれず、大ケガを負わされる可能性もある。

では、どうすればクマから身を守れるか。

遭遇してもクマとの距離があるなら、静かに立ち去る。その際、背中を見せずに正面を向いたままゆっくりと後ずさりして、その場を離れる。

しかし、なによりも周囲に目を配り、クマと遭遇しないようにすることがいちばんだ。鈴をつけて音を鳴らすことでクマにこちらの存在を知らせ、近づかれないようにするのもいい。万一、遭遇した場合に備えて、クマ撃退スプレーを携帯するのも一つの手だろう。

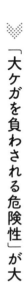

69 雨粒は本当に「しずくの形」をしているのか？

天気予報を見ていると、雨などを表わすアイコンにしずくの形をした雨粒がよく描かれている。

絵本やイラストなどでも、雨の表現としてしずくはよく用いられる。

しかし、肉眼で雨粒の形を捉えることはできず、本当の形は知らない人が多いはずだ。

雨粒は、本当にしずくの形をしているのだろうか。

じつは、落下中の雨粒は大きさによって形が異なり、**直径1ミリメートル以下ならほぼ球体に、3ミリメートルを超えると、まんじゅうのような形**になる。いずれにしても、よく目にするしずくの形にはならないようだ。

あれは「人の勝手なイメージ」だった

雨粒は、上空から落ちてくる途中で分裂や合体を繰り返すため、粒の大きさが違う。大きさには直径0・1ミリメートルから最大で8ミリメートルほどと幅があり、直径が大きいほど落下するスピードも速い。

小さな雨粒は表面張力によって球体に近い形になるが、大きくなると空気抵抗の影響を受けて下側が押しつぶされ、まんじゅうのような形になるというわけだ。

8ミリメートルより大きくなることはなく、ある程度の大きさになると分裂してしまう。

つまり、雨粒は大きさによって形を変えるが、天気予報やイラストでいつも目にする**しずくのような形になることはない**。あれは人の勝手なイメージである。

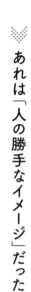

70 ホッキョクグマの毛は「無色透明」ってホント？

極寒の北極圏に生息するホッキョクグマは、その容姿からシロクマとも呼ばれている。白いクマだからシロクマと、誰もが納得のストレートなネーミング。

雪と海氷ばかりの白銀の世界において、白い見た目は周囲の景色と同化し、効率よく獲物を狩ることに役立っている。

「白い迷彩服」を着たホッキョクグマの毛は、もちろん白色のはず……。そう思うのも無理はない。

しかし、ホッキョクグマの毛は、**「白く見えているにすぎない」**というのが事実である。

色素がないのになぜ白く見えるのか

毛は色素がなく無色透明である。

白く見えるのには光の乱反射がかかわっている。ちょうど冷蔵庫で作った氷が白く見えるのと同じしくみだ。氷のなかに小さな気泡があると、内部で光が乱反射して白っぽく見えるだろう。

ホッキョクグマの毛は、ストローのような構造をしており、毛のなかの空洞が、氷の気泡と同じ働きをして光が乱反射する。その結果、白く見えるわけだ。

この毛は、体温を保つ役にも立つ。透明の毛が太陽光を通し、地肌は熱を吸収するため、外からの熱を取り込みやすい。そして毛の空洞でできた空気の壁で保温できる。

しかし、毛に空洞があることで、見栄えが悪くなる場合がある。

動物園で飼育されているホッキョクグマを見ると、緑色の毛をしていることがある。これは毛の空洞に藻類が生えてしまった結果である。健康には影響しないが、あまり見た目はよくない。

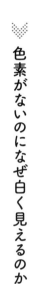

71 落雷を避けるには「金属を外す」と効果がある？

　雷が鳴ったら、安全な建物や車のなかに急いで逃げるのが鉄則だが、もし周りに建物も車もなかったとしたら、どうすればいいのだろうか。

　よくいわれるのは、時計やアクセサリーなど「身につけている金属を外す」ということ。

　たしかに、雷はいわば電気だから、電気を通しやすい金属を外すのは理にかなっているように思える。

　しかし、それはあまり意味がない。

　金属よりも電気を通しやすい物体、つまり人間のからだが、すぐ横にあるからである。からだの約60パーセント以上は水分のため、非常に電気を通しやすい。

つまり、身につけている小さな金属を外したところで、落雷を防ぐ効果はさほどない。

とにかく「姿勢を低く保つ」ことが大切

落雷に遭わないためには、**とにかく姿勢を低く保つこと**である。

雷は低いものよりも高いものに落ちやすい。くぼみなどがあれば、そこに入って身をかがめるのも有効だろう。

注意したいのは、高い木のそばに寄らないことだ。

繰り返すが、雷は高いものに落ちやすいので、高い木はかっこうの〝標的〟となる。もし高い木に雷が落ちて、そのそばにいようものなら、電気がからだに飛び移って感電してしまうだろう。

72 ウミガメは「お産の痛み」で泣いているわけではない！

大海原から産卵のために砂浜へ上がったウミガメは、穴を掘り産卵をはじめる。あまりの激痛で苦しいのか、それとも悲しいのか、涙を流しながらお産をする。テレビなどでも見たことがあるだろう。

涙を流しながらも子孫を残そうと力を振り絞るウミガメ。カメの涙に命の尊さを知る感動的なシーンといえる。

このウミガメの目に浮かぶ水分を、涙だと思い込んでいる人は多いだろう。しかし、その正体は、**からだから排出される塩分を含んだ粘液**なのである。

ウミガメは海草や無脊椎《むせきつい》動物を食べ、水分を摂取するために海水を飲んでいるが、それらには塩分が含まれているから、そのままではウミガメの体液の塩分濃度は濃く

「塩類腺」という余分な塩分を排出する器官が
目の近くにあるため、泣いているように見える

なっていく。

実際、体液の塩分濃度は9パーセントにもなり、海水の3倍弱にもなるという。体内で塩分を一定量処理することはできるが、それにも限界がある。

極めて機能的な仕組みだった

そこで、ウミガメは塩類腺《えんるいせん》という器官から、余分な塩分を体外へ排出しているというわけだ。

塩類腺は、人間の涙腺と同じように目の近くにあるため、あたかも涙を流しているように見えるのである。

塩類腺は、ウミガメにとってはほかの役

割もある。

それは目を守ることだ。ふだん海中にいるウミガメにとって、陸に上がると目が乾きやすくなる。その乾きを、塩分を含んだ粘液を塩類腺から流すことで防いでいる。

また、ウミガメは砂浜をかき分けながら進むので、塩類腺から出る粘液には「目に入ってしまった砂を流す」といった役目もある。

73 ドライアイスの煙は「二酸化炭素」ではなかった

ケーキや生菓子を買うと、箱のなかにドライアイスを入れてくれることがある。

ドライアイスはマイナス79度以下と冷たいので、保冷にはぴったりである。

箱から出したドライアイスを流し台に置くと、白い煙が立ち昇る。子どもの頃は、それが不思議で飽きずにいつまでも眺めていたものだ。

ドライアイスは二酸化炭素が固体になったもの、ということは広く知られているだろう。

そして、ドライアイスが周囲の温かい空気に触れて気化すれば、そこから出る白い煙は、二酸化炭素――と思っていないだろうか。

しかし、よくよく考えてみれば、**二酸化炭素は目には見えない気体のはず。**

正体は「水蒸気」

では、**あの白い煙は何かというと、あれは水蒸気**だ。

ドライアイスによって急激に冷やされた空気中の水蒸気が、液体になったり、氷の細かな粒になったりすることで白く見えるのである。

ドライアイスの白い煙は、結婚式や舞台演出、コンサートなどでよく使われる。氷やドライアイスの製造販売を行なっている会社によると、一般的な体育館サイズのステージで、足元全体を覆うくらいのドライアイスの白い煙を発生させようとすると、20キログラムは必要らしい。

会場の雰囲気を盛り上げてくれる、あの神秘的な白い煙の正体は、水や氷の粒だったのだ。

74 サーモンは「白身魚」と知ってた？

近頃、お寿司でもっとも人気のあるネタは、中トロマグロをおさえてサーモン（サケ）だという。

サケの特徴は、なんといっても鮮やかなサーモンピンクの身。

あの鮮やかなサーモンピンクを見れば、誰もサケを白身魚だとは思わないだろう。マグロに比べるとやや薄い色をしているものの、けっして白くはないし……。

しかし、**真相は「サケは白身魚」**である。

一般に赤身魚は回遊魚が多く、つねに泳ぎ回っているために血液の量が多く筋肉質なのが特徴。

一方、白身魚は回遊せずに同じところにとどまっているため、回遊魚に比べると持久力がなく、そのぶん、瞬発力が出せる筋肉のつき方をしている。

サケは産卵では川を上るが、その後、海に下って回遊し、ふたたび川に戻ってくる。そういう意味では、赤身魚の特徴がないわけではない。

エサの色素が沈着したもの

ではなぜ、サケはピンク色をしているのか。

それは**エビやオキアミなど、赤い色素を持つ生き物をエサにしているから**である。エサとして摂取するうちに、赤い色素がサケの筋肉に蓄積していってピンク色になるというわけだ。

その証拠に、赤い色素を加えずにサケを養殖すると、身は白いままである。そのため、サケを養殖する場合は、エサにエビの殻などを混ぜて赤い色素を摂取させ、身をピンク色にしているのである。

75 サケとマスの違いは「かなり曖昧」だった

続けてサケの話を――。サケとマスの違いについてきちんと見比べたり調べたりしたことがある人は、研究者や魚屋さん、あるいは釣り好きの人を除けば、そんなにいないだろう。

よく見ると、けっこうフォルムが似ていることに気づく。

しかしながら、その「イメージ」はというと、かなりの差がある。サケは寿司ネタ人気ナンバーワンを誇る人気魚。一方のマスにお目にかかれるのは押し寿司のネタとしてぐらいだ。

ところが、**サケとマスは生物学的にはサケ科であり、同じ属**である。

しかもサケとマスを呼び分ける境界もかなり曖昧《あいまい》で、一般に、淡水に生息するのがマスで、海へ下るのがサケといった区別もあるが、当てはまらない魚もいて、一概にはいえない。

人間の都合による勝手な区分

日本で獲れる天然のサケ属は、サクラマス、カラフトマス、マスノスケ、ベニザケ、シロザケ、ニジマスなど。これまで日本で「サケ」と呼んでいたのはシロザケだけで、ベニザケはベニマスと呼ばれていた。

このように私たちの都合によって、**こちらはサケ、そちらはマスというような勝手な区別**をしてしまっているうちに、サケとマスは違う魚だと思われるようになったというのが本当のところらしい。

76 「タラバガニ」は「カニ」ではないってホント？

「カニの王様」ともいわれる「タラバガニ」は、ズワイガニやケガニなどと比べると、圧倒的に大きくて食べ応えがある。ジューシーな味わいも人気だ。

ズワイガニのようにミソは食べられないが、クセがないので、子どもから年配者に至るまで好まれている。

カニの王様として不動の地位を築いているように思えるタラバガニだが、驚くべきことに、厳密にいうと「カニ」ではない。

ケガニやズワイガニは「カニ下目」に分類される「真」のカニだが、タラバガニは、なんと「ヤドカリ下目」に分類されるヤドカリの仲間なのである。

ズワイガニ（左）とタラバガニ（右）

「脚の数」に注目

カニは、脚の数が左右のハサミを含めて合計10本ある。

ところが、タラバガニをよく見ると、左右のハサミと左右3本ずつの脚はあるが、4組目の脚は退化して甲羅《こうら》のなかに隠れている。

この**後ろの脚が退化しているのがヤドカリの特徴**である。「これまでヤドカリを食べていたの？」と、少しショックを受けたかもしれない。

タラバガニと同様、ヤドカリなのにカニとして食べられているものにハナサキガニ、アブラガニなどがある。

もし、これはカニなのか、それともヤドカリなのかと疑問に思ったら、脚の数を確認してみることだ。

77 じつは「オシドリの夫婦」は超ドライ

「おしどり夫婦」という言葉がある。

とても仲がよく、いつも行動を共にしているような夫婦のことだ。

語源は、カモの仲間のオシドリという鳥から。オスとメスで色が違い、とくにオスは繁殖期には美しい羽を持ち、自慢の羽をアピールしてメスに求愛する。

オシドリのつがいは、いつも一緒にいる。この様子から、仲のいい夫婦を「まるでオシドリのようだ」という表現が生まれた。

語源にもなっているだけに、実際のオシドリのつがいは仲がよく、一生添い遂げるのだろう――と多くの人が思っているに違いない。

しかし、それは人間の勝手な思い込みにすぎない。

「おしどり夫婦」の語源オシドリのパートナーシップは意外にドライ

オシドリは1～3月につがいとなり、4～5月に繁殖期を迎える。

しかし繁殖期が終わると、そこで夫婦関係は終わり。つまり、**仲がいいのは5か月くらい**のものだ。

次のシーズンには別のパートナーを探す、というドライな夫婦関係である。

しかも浮気性!?

しかも、オシドリのオスはかなり身勝手で、交尾後は、どこかへ行ってしまい、メスのことを顧みない。

だからメスは単独で卵を産み、メスだけ

で一生懸命にひなを育てる。

夫婦で協力して子育てを行なう鳥もいるが、オシドリのオスはけっして**子育てに興味を示さず、協力しない**のだ。

なぜ、昔の人は、オシドリがいつも仲よくつがいでいると思ったのだろうか。

その真相は定かではないが、オシドリのつがいは、まったくもって〝おしどり夫婦〟ではない。

78 ネコがいなくなるのは「死に際を隠すため」ではない

最近では、完全室内飼育されているネコが増えている。そのため、気ままに外へ散歩に出たり、ごはんの時間には戻ってきたり……といったことをするネコも少なくなったと思われる。

昔は、そんなふらっといなくなったネコが、そのまま行方知れずになってしまうことも多かった。

こんなとき、ネコは死に際を隠すため、死に場所を求めて出ていってしまったのだと噂するものだ。

「仲間と群れる習性があるイヌとは違い、単独生活を好むネコらしい最期《さいご》の迎え方だ」と考えがちだが、**ネコは死期を悟って出ていっているわけではない。**

体力を回復させるため

ネコがいなくなるのは、弱ってしまった自身の**体力を回復するために、ひっそりと静かな場所に身を落ち着かせに行く**というのが真相のようだ。

ネコとしては体力が回復したら、家に戻るつもりのはず。

しかし、運悪く体力が回復せずにそのまま死んでしまうこともある。その結果、私たちからすれば「ネコは死に場所を求めて出ていく」と見えるのだ。

野生のネコならいざ知らず、体調が悪いのなら家でゆっくり休めばいいのにと思うのは人間の理屈かもしれない。

どんなに居心地のいい場所でも、そばに誰かがいては休めない。単独行動のネコは、敵から守ってくれる仲間はいないので、より用心深くなるものだ。

また、ネコは痛みに対してがまん強く、体調が悪くても、それを悟られないようにしようとする生き物。そのため飼い主は、それまで具合が悪かったのだとは気づかずに、「いつの間にかいなくなった」と思ってしまうのである。

79

「ハリセンボン」には本当に「針1000本」ある？

フグの仲間に「ハリセンボン」という魚がいる。

からだが多数の針に覆われていて、危険を察知すると、水や空気を吸い込んで、からだを丸く大きくしながら針を立たせて相手を威嚇する。

たくさんの針を立てて丸くなった姿がかわいいと、意外に人気者である。

ハリセンボンという名前から、体表に針が1000本くらいはあるのだろうと想像してしまう。実際に1000本の腕を持つ千手観音像もあることだし……。

しかし、この「センボン」（1000本）という言葉は、**具体的な数字を表わしているというわけではなく「たくさん」という意味。**

比喩的に用いているにすぎない。たとえば「千本桜」「鶴《つる》は千年」とかと同じである。

倍以上も盛られたネーミングだった！

では、ハリセンボンの針は実際にはどのくらいあるのかというと、**種類によっても違うが、300本から400本程度**とされている。

つまり、3分の1ほどしかない。ずいぶん盛ったネーミングといえそうだ。

だからといって正直に「ハリサンビャクホン」あるいは「ハリサンビャッポン」では、言いづらいしピンとこない。

「ハリセンボン」のほうが、インパクトがあるし語呂もいい。ウソだけど、なかなかセンスのいいネーミングではある。

80 クジラとイルカは「近い種」どころではない

クジラは、とてつもなく大きい。

クジラのなかでも大型のシロナガスクジラともなると、最大で体長33メートル、体重200トンになるものもいる。地球最大の動物だ。

クジラによく似た海の哺乳類にイルカがいる。イルカは水族館では芸を見せてくれたり、野生のイルカでも一緒に遊んでくれたりして、賢くて愛くるしくて、親しみがある存在。

クジラとイルカは、大きさはともかく全体のフォルムを見ると、かなり似ている。共に海に生息する哺乳類であることからも、まったく異なる種とは思えない。

両者は近い種属なのだろうか。

まったく同じ種。違いは大きさだけ

じつは、クジラとイルカは生物学的には鯨類《げいるい》に分類されており、**近い種どころか、まったく同じ種**である。

では、なぜ一方はクジラと呼び、もう一方はイルカと呼んでいるのか。

その違いは大きさ。だいたい体長４メートル以下のものをイルカ、４メートルよりも大きいものをクジラと呼んでいる。

これもはっきりと定義されているわけではなく、あくまでも一つの目安といったアバウトさなのだ。

クジラとイルカは、大きさだけで呼び名が違っていたとは驚きである。

6章

クスリを飲むときは「水以外」でもいい？

――人体に関する勘違い

81

「脳卒中」という病名は存在しない

ニュースや健康・医療番組でたびたび耳にする「脳卒中」は、脳の動脈が詰まったり破れたりして、脳の一部の働きが悪くなる病気だ。

からだが自由に動かせなくなるような後遺症が残ったり、死に至ったりすることもある。

さらに、脳卒中は日本人の死因で4番目に多く、年間10万人ほどが亡くなっている。よく目にし耳にする言葉なので、あたかも「脳卒中」という病名の病気が存在するかのように感じるかもしれない。

ところが、厚生労働省が公開している「人口動態統計年報」などの資料で日本人の死因を調べてみると、「脳卒中」という病名は出てこない……。

脳の病気をひっくるめてそう呼んでいるだけ

じつは「脳卒中」という病名はない。あくまで**一般的な呼び方にすぎず、正しくは「脳血管疾患」**だ。具体的には、脳梗塞《こうそく》、脳内出血、くも膜下出血などを指している。先の厚生労働省の資料にも脳血管疾患として掲載されている。

そもそも「卒中」とはどういう意味なのか。これは昔から「元気だった人が卒然（突然）として悪い風に中《あた》り倒れる」という意味で使われており、脳卒中の語源となっている。

しかしながら脳卒中のおもな原因は外部的なものではなく、不健康な生活習慣が積み重なって起こる血管の劣化である。初期症状としては次のようなものがある。

痺《しび》れや触覚の鈍り、力が入らないなどの症状がからだの半身に出る「感覚障害」、呂《ろ》律《れつ》が回らない、言いたいことが言葉にできない「言語障害」、ものが二重に見えたり視野が半分のみになったりする「視覚障害」――ほかに「強い頭痛」「平衡《へいこう》感覚の異常」。これらを感じたら脳卒中が疑われるので注意が必要だ。

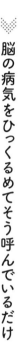

82 「ビールは太りやすい」は大ウソ

太るから好きなビールを控えている、という人は多いかもしれない。

たしかにビール党には、ぽっちゃり体型の人が多いような印象がある。

カロリー控えめのビールも出ていることからも、「体型が気になるけれど、どうしても飲みたい」というビール党の気持ちを汲んでの商品だろう。

太陽がギラギラ照りつける真夏やお風呂上がり、スポーツのあとの乾いたのどを潤《うるお》すには、やはりビールがいちばんだ。

しかし、ビール党を悩ませてきた「ビールを飲むと太る」という脅し文句は、真実ではない。**ビールのカロリーは、大瓶1本（633ミリリットル）で250キロカロリー程度。これは茶碗1杯の白米とほぼ同じ**だ。

ビールのおつまみといえば、決まってハイカロリーだ

しかもアルコール由来のカロリーは体内でエネルギーとして燃焼されやすいので、食べ物から摂取するカロリーに比べて、体内で脂肪として蓄積されにくい。

また、ビールよりもアルコール度数の高い日本酒やワインに比べると、ビールのカロリーは低い。100ミリリットル当たりのカロリーを比べてみると、ビールは約40キロカロリー、日本酒は約105キロカロリーなので、日本酒の半分以下だ。

太る要因は「おつまみ」にあった

じつは、**太らせる真犯人はつまみ**である。

ビールの成分であるホップには食欲増進

作用があり、ビールを飲むと、いつもより食べすぎてしまう。

さらに悪いことに、ビールに合うつまみというと、ソーセージ、揚げ物などの高カロリー、高脂質の食べ物が多い。

そのため、おいしいビールを飲むと、高カロリーのつまみもほしくなり、ついつい手が伸びてしまうわけだ。

体重が気になるなら、ビールよりもつまみに注意することである。

83 「チョコレート」で虫歯予防!?

歯垢《しこう》のなかに棲《す》んでいる虫歯菌が、エサとなる糖を食べると、分解の過程で酸を出し、その酸が歯のエナメル質を溶かして穴をあける。

これが虫歯になってしまうメカニズムだ。だから、虫歯を予防するには、虫歯菌のエサとなる糖をなるべく摂取しないことが鉄則だ。

幼い頃、親から「チョコレートを食べると虫歯になるよ」と脅された人も少なくないはず。

虫歯ができるメカニズムを知れば知るほど、甘いチョコレートを食べると虫歯になるという話は、信ぴょう性が高いように思える。

なぜ口内環境にいいのか

しかし実際のところ、チョコレートを食べたら虫歯になるどころか、**むしろチョコレートには虫歯予防効果が期待できる**という。

歯垢のなかに潜むおもな虫歯菌は、ミュータンスレンサ球菌とソブリヌス菌。このうち、要注意なのがソブリヌス菌である。

チョコレートの成分であるカカオマスには、ソブリヌス菌の動きを抑制する成分のカカオポリフェノールが含まれていることが、実験で確かめられたという。

このことは、ミルクチョコレートよりも、カカオ含有量が多いビターチョコレートのほうに抑制効果があったことから、導き出された事実らしい。

虫歯を気にしてチョコレートを控えていたという人には、朗報かもしれない。ただし、食べたあとはしっかり歯磨きをして、歯垢がつかないようケアは忘れずに！

84 酢を飲んだら、からだはやわらかくなる？

からだの柔軟性は、動きのしなやかさにつながるのはもちろん、ケガの予防や疲労回復などの観点からも意識して高めておきたいものだ。

そのため、からだをやわらかくしようと、ストレッチに励んでみたり、酢を飲んでみたりしている人もいるだろう。

昔から「酢を飲むと、からだがやわらかくなる」といわれてきた。

たしかに魚や肉を酢につけておくと、魚の身がほぐれやすくなったり、肉質がやわらかくなったりする。「おばあちゃんの知恵」ではないが、昔からそう伝えられてきたのも事実だ。

そこで、「自分もからだをやわらかくしたい！」と思い、せっせと酢を飲んでいないだろうか。

半分ホントで、半分ウソ

しかし、酢に人体をやわらかくする効果はない。酢を使うと、魚や肉がやわらかくなるのは、酢によって肉が酸性になってpH値が下がり、筋原線維《きんげんせんい》タンパク質が分解され、その結果水分をより多く保持できるようになるから。

ただ、酢が人間の体内に入っても、その主成分の酢酸は大腸に至るまでに速やかに吸収され、血液によって全身をめぐる。そして最終的に**二酸化炭素と水に分解され、汗や尿、呼気に含まれて排出されるだけ**だ。

もっとも、酢を飲んでからだがやわらかくなったと感じる理由はある。

それはクエン酸効果である。酢の主成分である酢酸が体内で分解されたとき、副産物としてできるのがクエン酸だ。クエン酸には疲労回復を助けたり、血流をよくしたりする働きがある。凝り固まった筋肉がほぐれた結果、からだがやわらかくなったと感じるのではないかといわれている。

85 「白髪」はやっぱり抜かないほうがいい？

白髪は、出はじめたときがいちばん気になるものだ。

見つけた白髪を抜こうと、鏡の前で悪戦苦闘した経験がある人もいるだろう。

日本人の場合、白髪が出はじめる平均年齢は、男女とも34～35歳だという。

白髪は目立つし気になって抜きたくなるものだが、よく巷《ちまた》で聞くのが「白髪を抜くと、かえって白髪が増える」というもの。

たしかに白髪を抜いても、すぐに別の白髪を見つけた経験があるはず。やはり白髪を抜くと増えてしまうのだろうか。

だが、それはたんなる思い込みで、科学的根拠はない。

白髪を抜いたからといって、それによって**白髪が増えたり、または減ったりするこ**

とはない。

白髪を抜いても、その毛穴から生えてくるのはやはり白髪である。

ただし、ほかの毛穴の白髪と発毛時期が重なると、一気に白髪が増えたように見えてしまうことはあるかもしれない。

増えないが抜いてはダメ

白髪は、加齢などにより新陳代謝が衰え、色素細胞の働きが低下してメラニン色素が作られなくなり、白くなったもの。

一度、白髪が生えた毛母細胞からの毛髪は、次も白髪になる可能性が高い。せっかく抜いても、また白髪が生えてくることになるので、白髪を抜くことに意味はない。

それよりも**白髪を抜くと毛母細胞を痛める**ので、そちらを気にしたほうがいいだろう。健康で美しい髪をキープするためにも、安易に抜かないことだ。

86

二日酔いは「迎え酒」で改善するってホント？

ついついお酒を飲みすぎてしまった翌日は、頭はガンガン、胸はムカムカ——最悪の目覚めである。

「なぜ、あんなに飲んでしまったのだろう」と、毎回のように後悔している人がいる。

さて、昔から「二日酔いには迎え酒がいい」といわれてきた。お酒で二日酔いを治すという荒療治だ。

たしかに、迎え酒をすると、これまでの不快さが消えていくように感じる。

しかし、**二日酔いがおさまると感じるのは錯覚**でしかない。

アルコールで脳の中枢神経が麻痺して、不快な症状を自覚できなくなったにすぎないからだ。

当然ながら、体内のアルコール濃度が下がれば（酔いがさめはじめると）、つらい二日酔いがぶり返すことになる。

二日酔いをおさめるには

二日酔いは、体内に入ったアルコールを肝臓で分解する途中でできるアセトアルデヒドが原因。

アセトアルデヒドは、その後、無害な酢酸となり、さらに酢酸は二酸化炭素と水となって汗や尿、呼気に含まれて体外に排出される。

しかし、この一連の作業が追いつかず、アセトアルデヒドが体内に残っていると二日酔いになる。だから、肝臓がアルコール（アセトアルデヒド）を分解し終われば自然とおさまる。

ところが、迎え酒はさらにアルコールを追加することになるので、ただでさえオーバーワークの肝臓に負担を強《し》いることになる。二日酔いの対処法は、**つらくても肝臓の分解作業が終わるまで、ただじっと待つのみ**である。

87 鼻血は「首の後ろを叩く」と治る⁉

理由もなく、何かの拍子に鼻血が、ドバッと出てしまったことはないだろうか。まっ赤な鮮血にびっくりして慌てたり……。

そんなとき、よくやった対処法があった。

首の後ろをトントンと手刀《しゅとう》で叩いて、鼻血をとめようとしたはず。昔から広く伝わっている対処法である。

この方法は、鼻血が出たときの対処法としてよく知られているため、今でもやっている人がいるかもしれない。

しかし、よく知られているからといって正しい対処法とは限らない。

正しい鼻血の対処法

鼻血のおもな原因は、何かの拍子に鼻の粘膜が傷つき、その際、粘膜の下にある毛細血管も一緒に傷つけていることにある。

鼻の粘膜はとても繊細で、空気が乾燥しただけでも傷つくほど。

それなのに、**首の後ろをトントンと叩くような衝撃を与えれば、さらに傷つけてしまいかねない。**

さらに、「上を向く」「横になって安静にする」といった鼻血の対処法も知られているが、これらもおすすめできない。上を向いたり、横になったりすると、のどのほうへ血が逆流する可能性がある。

では、正しい対処法はというと、脱脂綿やティッシュを鼻に詰めてから、やや下を向く。

そして、鼻をつまんでしばらく安静にしておくことだ。

88 「脳のシワ」と賢さは関係ないと知ってた？

2023（令和5）年10月、プロ棋士の藤井《ふじい》聡太《そうた》氏が前人未到の八冠を達成した。わずか21歳2か月での偉業達成だった。まさに天才といっていいだろう。

こうした天才は、私たちとは脳の構造が違うのだろうと思ってしまう。

昔からよくいわれてきたことに、「脳のシワが多い人は、とても賢い」というのがある。脳のシワが多いと表面積が大きくなるため、それだけ脳の働きがアップするというものだ。

たしかに、ほかの動物と比べて、高い知能を持つ人間はシワの数が多いのは事実。

たぶん、そのことからシワの数と知能の高さの比例関係が考えられたのかもしれないが、じつは**人間の脳よりもシワが多い動物がいる。**

イルカは人間よりも脳のシワが多い

それはイルカである。イルカも知能が高い動物といわれてはいるが、さすがに人間よりも賢いとするには無理がある。**シワの数と知能の高さの比例関係は、科学的に否定されているといっていい。**

では、賢さの鍵になるのは何かというと、最近の研究では、脳細胞の半分を占める「ニューロン」と呼ばれる神経細胞ではないかといわれている。

各ニューロンはシナプスという接触構造でいくつもつながっていて、ここで情報をやり取りし、かつ集まった情報を処理している。

ニューロンの数やつながり方の密度によって、情報処理の速度や能力に違いが出てくるのではないかといわれている。

89 舌を噛み切れば死ぬことができる？

テレビドラマや映画でときおり見るシーンで、敵に捕まってしまったときなどに、舌を噛み切って自決を図るというのがある。

壮絶な覚悟の表われだろうが、こうしたシーンでは、舌を噛み切った直後にほぼ即死する。

このように舌を噛み切ることは、もっとも確実に死ねる方法なのだろうか。

結論からいえば、**舌を噛み切っても死に至ることはほぼない**。

まず舌を歯で噛むことはできても、噛み切ることはかなり至難の業だ。

歯の長さは一本一本違うし、なにより歯は包丁のように鋭利ではない。舌をスパッと切ることは難しい。

仮に舌を噛み切れたとしても、舌からの出血量は、死に至るほどではない。

ただ痛いだけ

あるいは、噛み切った舌の根元がのどを塞《ふさ》いで窒息死、というケースも考えられるが、舌の根元だけでは完全に気道を防げない。そのうえ、人間はのどに異物が詰まれば、反射的にそれを取り除こうとする。

では、血がのどのほうに流れてそこで凝固し、気道を塞ぐケースはどうだろうか。血は体外ではすぐにかたまるが、口のなかには唾液があるためかたまりにくい。だから血の凝固で気道が塞がるというのも、現実的には考えにくい。

つまり、苦労して**舌を噛み切ったとしても、死ぬことはできず、ただ猛烈に痛いだけである。**

90 突き指は「引っ張って伸ばす」と治る？

子どもの頃、バレーボールやドッジボールなどの球技をしていて、突き指をしたことはないだろうか。あまりの痛さに顔をしかめてしまったはずだ。

突き指をしたときの対処法として知られているのが、その指を引っ張って伸ばすというもの。

指先にものが当たったことで、指先の関節が正常な位置からズレてしまったことが原因ということで、指を引っ張って関節を元の位置に戻そうとする行為だ。

しかし、これはあくまで軽症だった場合のこと。

仮に軽症だったとしても、医師ではない者が正しい関節の位置を把握しているわけではないので、**指を引っ張って突き指を治そうとしないほうがいい。**

患部を水や氷で冷やすこと

指を引っ張るといいという対処法が広まったのは、医師が指を引っ張って関節を正しい位置に戻すのを見ていて、真似したものだろう。

これは、あくまで医師が触診やX線撮影などで症状を確認して診断をつけたあとの行為。素人が医師の診断もなしにするなど、もってのほかだろう。

突き指の正しい応急処置は、**水や氷で患部を冷やすこと**だ。ちょっとした炎症なら、痛みは軽減する。

しかし突き指が軽症ではない場合、関節が外れていたり、どこか骨折していたり、さらには、じん帯や腱《けん》を痛めていたりすることもある。痛みがおさまらないようなら医師に診てもらうことだ。

91
「牛乳」を飲んでも身長は伸びないってホント？

牛乳が苦手だった子どもの頃、「牛乳を飲まなきゃダメよ。背が伸びないよ」と親に言われた経験のある人は多いのではないだろうか。

あるいは思春期、なんとかもっと身長を伸ばしたくて、牛乳をたくさん飲んだという人もいるだろう。

牛乳は、身長が伸びるために必要なカルシウムやたんぱく質、ビタミン類などの栄養素が豊富に含まれている。完全栄養食と呼ばれるほど栄養価が高く、しかも栄養素のバランスがいい食品なので、「牛乳を飲めば身長が伸びる」という説には説得力がありそうだ。

骨が丈夫にはなるが……

戦後、栄養失調の子どもが多かった時代、成長のため（身長を伸ばすため）には、とにかく栄養素を摂る必要があった。そして、そうした子どもたちが、牛乳で栄養素を補うことで、身長が伸びることにつながっていったのだ。

実際、文科省の「学校保健統計調査」のデータによると、戦後、日本の学童は男女ともに身長が伸びたが、これはあくまで戦前・戦中の子どもたちの栄養素が不足していたからだ。

では、1980年以降、栄養状態がよくなった子どもたちはどうなったかというと、身長の伸び率は横ばいである。

たしかに牛乳にはカルシウムが豊富に含まれており、骨を丈夫にはするが、**身長を伸ばす働きはない。**

身長が伸びるためには、遺伝的要素に加え、適度な運動、質の高い睡眠を十分にとるなど、いくつもの要素が必要となっている。

92 メンソールたばこを吸うと「ED」になる？

近年、健康志向の高まりから、たばこを吸わない人が多くなり、喫煙者は肩身の狭い思いをしている。

それでも、たばこだけは、どうしてもやめられないという人もいる。

そんな愛煙家のなかで、よくささやかれているのが「メンソールたばこを吸っているとED（勃起不全）になる」というもの。

EDに効果的な薬が発売されているとはいえ、できることならそのような事態に陥ることは避けたいものだ。

そのため、吸うたばこはメンソール以外、と決めている男性もいるらしい。

メンソール自体は無関係

メンソールたばこを吸っているとEDになるという説は、間違っているとも、正しいともいえる。じつのところ、**メンソールには関係なく、たばこを吸うとEDになりやすい**というのが本当のところ。

たばこにはニコチンが含まれているが、これはかなり強い毒素。ある調査によると、一日30本以上のたばこを5年間吸い続けた男性の8割以上が、勃起力が低下したという。では、なぜメンソールたばこについて、このような噂が広まったのだろうか。

一つには、昔アメリカでは、アフリカ系アメリカ人がよくメンソールたばこを吸っていたことから、蔑視してこのような噂が広まったという説。

もう一つは、第二次世界大戦中、日本政府がアメリカからの輸入品を規制しようとして「アメリカ製たばこにはEDになる成分が入っている」という噂を流し、国産たばこを奨励したという説。

いずれも都市伝説の域を出ず、どうしてこんな噂が広まったかは謎である。

93 クスリを飲むときは「水以外」でもいい？

クスリを服用するときの注意事項に、お茶で飲んではダメというものがある。クスリのなかには、鉄分が含まれているものもある。お茶にはタンニンという成分が含まれており、クスリのなかの鉄分とお茶のタンニンが結合すると、タンニン酸鉄となり、胃腸のはたらきを悪くするといわれている。そのため、以前はお茶でクスリを飲むのはよくないといわれていた。

しかし、最近のクスリは改良がなされていて、お茶で飲んでもタンニン酸鉄ができないような工夫がされている。

食後のお茶でクスリを飲んでも、大きな問題になることは少ないだろう。ただ、クスリを飲むとき、どんな飲料でもよいのかというと、そうでもない。

「アルコール」で飲んだらどうなるのか？

たとえば、アルコールでクスリを飲むことは、もっとも避けるべきである。アルコールもクスリも肝臓で分解される。アルコールを飲むと肝臓の働きが活発化し、そこへクスリが入ると、**効能が強く出すぎてしまったり、副作用が出てしまったりすること**があるからだ。

ほかにもコーヒー、牛乳、グレープフルーツジュースなどは相性が悪いクスリが多数あるので、注意は必要である。やはりクスリは水か白湯《さゆ》で服用するのが賢明である。

〈了〉

【参考文献】

左記の文献を参考にしました。

【書籍・雑誌】

『NHKここが聞きたい！ 名医にQ 脳卒中のベストアンサー』「ここが聞きたい！名医にQ」番組制作班ほか編、『NHK きょうの健康 血管を守る250のQ&A事典』「きょうの健康」番組制作班ほか編（以上、主婦と生活社）／『イラストで読むレオナルド・ダ・ヴィンチ』杉全美帆子（河出書房新社）／『悩ましい国語辞典』神永曉（KADOKAWA）／『知識ゼロからの名画入門』永井龍之介（幻冬舎）／『ビジュアル パンデミック・マップ 伝染病の起源・拡大・根絶の歴史』サンドラ・ヘンペル（日経ナショナルジオグラフィック）／『週刊昭和No.22』（朝日新聞出版）／『世界神話伝説大事典』篠田知和基ほか編（勉誠出版）／『バスケットボール物語 誕生と発展の系譜』水谷豊（大修館書店）／『ZOOLOGY 図鑑 動物の世界』スミソニアン協会ほか監修（東京書籍）／『NHK 国宝への旅5』NHK取材班（日本放送出版協会）／『Q&A「日の丸・君が代」の基礎知識』山部芳秀（明石書店）／『河川工学（改訂増補版）』吉川秀夫（朝倉書店）／『面白くて眠れなくなる理科』左巻健男（PHP研究所）／『「健康神話」を科学的に検証する それホントに体にいい？無駄？』生田哲（草思社）／『名古屋 地名の由来を歩く』谷川彰英（ベストセラーズ）／『大岡越前 物語と史蹟をたずねて』竹内勇太郎（成美堂出版）／『日本の伝統を読み解く暮らしの謎学』岩井宏實（青春出版社）／『サケマス・イワナのわかる本』井田齊ほか（山と溪谷社）／『零戦99の謎』渡部真一（二見書房）／『国宝の解剖図鑑』佐藤晃子（エクスナレッジ）／『うっかり死んでしまわないための死の雑学』上野正彦（イースト・プレス）／『元禄忠臣蔵データファイル』元禄忠臣蔵の会編（新人物往来社）／『スペイン風邪流行とその時代』小田泰子（文芸社）／『海棲哺乳類大全』田島木綿子ほか監修（緑書房）／『赤トンボのすべて』井上清ほか（トンボ出版）／『東大ハチ公物語』一ノ瀬正樹ほか編（東京大学出版会）／『岐阜聖徳学園大学短期大学部紀要』野々村千恵子（岐阜聖徳学園大学短期大学部）／『理容美容学習用語事典』日本理容美容教育センター編（日本理容美容教育センター）／『理容史 古代から現代に至るまでの理容のすべて』全国理容生活衛生同業組合連合会編（全国理容生活衛生同業組合連合会）／『日本建築学会東北支部研究報告集 絵画における雨の描写に関する研究』岡田誠之（日本建築学会東北支部）／『バスケットボール その起源と発展』J・ネイスミス著・水谷豊訳（YMCA出版）／『Best Partner』（浜銀総合研究所）／『誕生100年 ローズオニール キューピー展』（東映）／「『モナ・リザ展』記録」（文化庁）／『読売新聞』（読売新聞）／『週刊東洋経済』（東洋経済新報社）／『日経パソコン』（日経BP）／『月間税務QA』（社税務研究会）／『望星』（東海教育研究所）／『美術の窓』（生活の友社）／『保健教材ニュース』（インタープレス）／『日本医事新報』（日本医事新報社）

【ウェブサイト】

文化庁／内閣官房／国土交通省／水産庁／国税庁／公益財団法人日本オリンピック委員会／公益財団法人日本医療機能評価機構／海上自衛隊東京音楽隊／ドイツ連邦共和国大使館・総領事館／一般社団法人日本乳業協会／国立循環器病研究センター／日本臨床整形外科学会／東京大学大学院総合文化研究科・教養学部／東京歯科大学／長岡技術科学大学／呉市海事歴史科学館／NHK／週刊現代／ウェザーニュース／NEWSポストセブン／PRESIDENT Online／帝国書院／ORICON NEWS／ドイツニュースダイジェスト／マイナビニュース／阪神甲子園球場／タカラトミー／Dandelion Chocolate／高島屋／日本マネキンディスプレイ商工組合／Kentucky Fried Chicken Japan／キユーピー／中央冷凍産業株式会社／有限会社前田商事／日本海深浦サーモン／中央動物専門学校／SEIKO／Louvre Museum Official

本書は、本文庫のために書き下ろされたものです。

身《み》のまわりの「意外《いがい》な勘違《かんちが》い」　なるほど雑学《ざつがく》93

著者　博学面白倶楽部（はくがくおもしろくらぶ）
発行者　押鐘太陽
発行所　株式会社三笠書房
〒102-0072 東京都千代田区飯田橋3-3-1
電話　03-5226-5734（営業部）　03-5226-5731（編集部）
https://www.mikasashobo.co.jp
印刷　誠宏印刷
製本　ナショナル製本

 ISBN978-4-8379-3081-5　C0130

王様文庫

王様文庫

面白すぎて時間を忘れる雑草のふしぎ

稲垣栄洋

みちくさ研究家の大学教授が教える雑草たちのしたたか&ユーモラスな暮らしぶり。どんな雑草もボ～ッと生えてるわけじゃない！　◎「刈られるほど元気」になる奇妙な進化　◎「上に伸びる」だけが能じゃない　◎甘い蜜、きれいな花には「裏」がある…足元に広がる「知的なたくらみ」

ちょっとわかればこんなに面白い数学のはなし

立田 奨

〝知っている人だけ〟が感動できる身近な数字や形に隠れたヒミツをゆるイラスト＋図解つきで紹介！　◇「÷」は超マイナーな記号だった⁉　◇「お得」なギャンブルはどれ？　◇日本の人気キャラクターに共通する〝ある数字〟……身の回りに「感動」がふえる1冊‼

眠れないほどおもしろい紫式部日記

板野博行

「あはれの天才」が記した平安王朝宮仕えレポート！　◎『源氏物語』の作者として後宮にスカウト！　◎出産記録係に任命も彰子様は超難産⁉　◎ありあまる文才・走りすぎる筆で女房批評！……ミニ知識・マンガも満載で、紫式部の生きた時代があざやかに見えてくる！

K30656